本书由吉林财经大学资助出版

国家软科学项目研究成果

中国大豆
生产困境与出路研究

郭天宝 著

Study on Dilemma and Way
Out of China's Soybean Production

中国社会科学出版社

图书在版编目（CIP）数据

中国大豆生产困境与出路研究/郭天宝著 . —北京：中国
社会科学出版社，2017.11
ISBN 978 - 7 - 5203 - 1558 - 6

Ⅰ. ①中… Ⅱ. ①郭… Ⅲ. ①大豆—产业经济—研究—中国
Ⅳ. ①F326.12

中国版本图书馆 CIP 数据核字 (2017) 第 288459 号

出 版 人	赵剑英
责任编辑	卢小生
责任校对	周晓东
责任印制	王 超

出 版	中国社会科学出版社
社 址	北京鼓楼西大街甲 158 号
邮 编	100720
网 址	http：//www.csspw.cn
发 行 部	010 - 84083685
门 市 部	010 - 84029450
经 销	新华书店及其他书店

印 刷	北京明恒达印务有限公司
装 订	廊坊市广阳区广增装订厂
版 次	2017 年 11 月第 1 版
印 次	2017 年 11 月第 1 次印刷

开 本	710 × 1000 1/16
印 张	12.75
插 页	2
字 数	180 千字
定 价	56.00 元

前　　言

　　农业供给侧结构性改革战略提出之前，中国大豆产业已基本丧失其国际竞争力，在参与国际大豆竞争中处于弱势地位。回顾大豆产业的发展过程不难发现，我国已经从有着几千年历史的大豆原产国变为依靠88%大豆进口的大豆进口国。2016年，我国国产大豆约1100万吨，为了满足国内9700万吨的消费量，需要从国外进口8600万吨的大豆来满足国内需求。近年来，我国大豆种植面积、单产产量、技术进步均没有明显提升，但国内大豆的需求量却随着人民生活水平的提高及畜牧业规模的扩大而显著增强，借中国加入世界贸易组织后取消大豆贸易配额之机，国外转基因大豆凭借其低廉的价格迅速挤占了中国大豆市场，使国内大量大豆加工企业纷纷倒闭或被外资收购，中国大豆生产与供给陷入困境。

　　本书在对我国大豆产业的发展现状、市场需求以及供需平衡分析的基础上，通过对全球大豆产业生产、贸易、市场格局发展中先进经验的借鉴，运用计量经济学方法对我国大豆产业的生产效率、国际竞争力格局进行了深入分析。通过对我国大豆产业生产变化的特点、效应的挖掘，对影响我国大豆产量下降、农民种植积极性不高的原因进行剖析，为探索我国大豆提高供给的出路提出了合理的政策建议。同时指出，我们要借农业供给侧结构性改革之机，调整农业种植结构，抢抓大豆生产，落实"米改豆"策略，降低大豆生产成本，提高大豆种植效益，提高大豆科技种植，摆脱大豆生产困境，使我国的大豆产业走上健康可持续发展之路。

　　本书共分为八章，主要研究内容如下：

第一章绪论。首先阐述了研究背景与意义，梳理了国内外相关文献，明确了大豆生产发展的相关概念，介绍了本书的研究内容与研究方法，最后对本书研究的理论基础进行阐述，为下文研究打下了基础。

第二章和第三章对中国大豆生产现状、供需平衡及全球大豆产业市场格局的演进进行了分析。首先，从生产、加工、贸易、需求等层面对我国大豆产业的发展及供需结构进行了阐述与分析；其次，通过对全球大豆产业生产、贸易格局的演变过程的梳理，从生产消费、产业政策和贸易政策等角度对全球大豆市场格局的演进进行分析；最后，提出借鉴国外先进经验、提高我国大豆产量、摆脱我国大豆生产困境、参与大豆国际竞争的建议。

第四章至第六章是本书的核心内容。第四章对中国大豆生产困境展开了深入分析。从要素投入、生产效率和国际竞争力三个维度展开了对大豆生产困境的分析。首先，指出影响我国大豆供给的土地资源、资本资金、从业人员和科学技术等生产要素投入严重不足。其次，选择大豆产业投入产出、全要素生产指数和规模变化等指标数据，利用 DEA 中的 VRS 模型对大豆生产效率进行评价和评估，使用 Tobit 多元线性回归模型和样本选择模型对我国大豆产业的诸多影响因素进行回归分析，揭示导致我国大豆生产效率较低的深层次原因。最后，通过构建大豆国际竞争力指标，对比中国大豆参与国际市场的竞争力状况。

第五章对中国大豆生产效应进行分析。本章从资源效应、生态效应、安全效应及结构效应等角度对我国大豆供给困境造成的影响进行分析。在国际市场农产品供给充足、我国外汇储备实力雄厚、人民币成为世界第五大货币等有利因素下，指出我国实施大豆资源进口的经济效益和社会效益；化肥、农药的进口替代可以产生一定的生态效应；通过构建大豆产业安全评价指标及对大豆对外依存度的分析三个方面指出了大豆生产困境的安全效应；供给侧结构性改革政策的及时提出为我国农业种植结构调整、走出大豆生产困境带来了新的机遇。

　　第六章对中国大豆生产困境的成因进行了深入分析。从技术因素、市场因素和政策因素三个方面指出了大豆生产困境的成因。大豆生产成本高源于机械化水平较低及转基因技术落后且被禁止使用；豆农种植积极性差源于大豆的比较收益弱于其他竞争力作物；进口大豆抢占国内市场源于我国大豆产业政策和贸易政策的支持力度弱化。

　　第七章提出了中国大豆走出生产困境的出路。从大豆生产自给率定位、大豆种植区域布局规划、建立中国非转基因大豆种植保护区、放开转基因大豆种植、强化主产区利益补偿机制等方面对我国大豆生产发展进行分析，并提出了政策建议。

　　第八章对本书的研究结论进行总结，同时提出对未来的研究展望。

目　录

第一章　绪论

第一节　研究背景与意义

一　研究背景

本书选题来源于笔者主持的国家软科学项目"中国大豆产业安全体系研究"（2013GXS4D112）。

大豆，又称黄豆，最早起源于中国，至今已有五千多年的种植史。由于大豆含有丰富的植物蛋白质且营养价值较高，使其逐渐成为目前世界上较为重要的粮食作物、油料作物和饲料来源之一。长期以来，中国作为一个农业大国，大豆在全国各地得到了广泛种植，同时也是我国主要的出口农产品之一，其中，东北、华北、陕西、四川及长江下游地区都种植大豆，长江流域及西南地区的栽培较多，东北地区的大豆产品质量最优。第二次世界大战之前，中国的大豆产量占世界总产量的比重超过了90%，具有绝对的产量优势。与此同时，中国还是世界上最大的大豆出口国，在大豆出口方面有着绝对领先的国际竞争力。第二次世界大战之后，世界各地开始重视大豆的种植。同时，在我国经济社会快速发展的过程中，传统农业以及大豆产业的发展受到了较大冲击，使我国的大豆生产与供给能力迅速减弱，致使其在国际市场中的竞争优势逐渐消失。目前，我国的大豆产量仅占世界大豆总产量的5%左右，而大豆的对外进口依赖程度则高达82%，因此，中国已经成为世界上较大的大豆进口依赖国之一。除此之外，国际粮商控制了我国的植物油消费市场，这些国际粮商的大豆压榨产能和大豆进口量大约分别占我国的80%和90%。不难看出，在新的国际形势下，我国的大豆消费市场已经深深地陷入复杂而困难的境地，主要体现为供给困境，大豆产业的发展遇到了前所未有的挑战。

20世纪40年代以后，中国的大豆产量开始出现下滑。20世纪60—90年代，我国的大豆产量先后被美国、巴西和阿根廷超越，占世界大豆总产量的比重也出现大幅下降。特别是近十年来，一方面是我国政府对大豆产业的扶持力度不够；另一方面又受到国际大豆进口的较大冲击，国内大豆收购价格不断降低，农民种植大豆的积极性越来越低，导致我国大豆的生产能力大幅下降。2016年，我国大豆的总产量约为1300万吨，仅占世界大豆总产量的5.5%。不难预见，如果按照目前趋势持续下去，在未来的若干年内，我国的大豆种植面积和大豆产量将会持续下降，因我国大豆占世界大豆总产量的比重也会持续降低；而与大豆供给侧的情况相反，我国的大豆产品消费量则会呈现不断上升的趋势。实际上，随着我国经济社会的快速发展，居民的食物消费结构正在发生着巨大变化：人们对主粮（玉米、水稻、小麦）的消费需求正在逐年减少，而对肉蛋奶及植物油的需求量开始逐年增加。畜产品及植物油消费市场的扩大促进了我国畜牧业和饲料行业的高速发展，畜牧业和饲料行业的发展增加了对豆粕的需求，进而引起了大豆压榨行业的扩张。目前，中国的大豆消费量已从1992年的1020万吨增至2016年的9820万吨，增加近8.6倍，巨大的大豆产品需求刺激了我国的大豆进口贸易。从1994年成为大豆净进口国开始，我国的大豆进口量已从20万吨增加至2016年的8390万吨。随着大豆进口量的高速增长，我国在大豆进口的对外依存度从1994年的0.34%激增至2016年的89%。其中，从美国、巴西和阿根廷等国家进口的大豆数量占比超过了95%，以ADM、邦吉、嘉里和路易达孚四大国际粮商为代表的外资企业支配着我国约90%的大豆进口量。除种植环节外，外资粮商还利用其在大豆的进口市场、大豆压榨环节及植物油消费市场的支配地位来影响我国大豆产业的发展，而内资企业几乎不具有与其相抗衡的能力，中国大豆产业的安全性受到前所未有的挑战。

综上所述，中国大豆产业已经深深地陷入困境，一是中国大豆种植规模持续降低，单产没有明显提高，这严重影响了中国农业产业结构调整和豆农的收入水平；二是中国大豆产业的对外依存度过高，这严重威胁到中国大豆产业发展的稳定性，极大地增加了中国大豆产业的风险；三是外资粮商几乎垄断了除大豆种植以外的其他所有大豆产业环节，这不仅危害到中国大豆产业的安全性，同时还极大地损害了中国大豆消费者的权益。如何把握新时期农业产业改革的发展机遇，加快调整农业产业种植结构，努力提高中国大豆的国际竞争力，有效减少外资粮商对我国大豆产业的制约，积极促进我国大豆产业的健康发展，就成为目前亟待解决的重大民生问题和社会问题。因此，通过对我国大豆产业发展形势的探讨，深入分析我国大豆产业所面临的困境，积极探寻我国大豆产业未来的发展出路，不仅是目前我国学术研究的前沿方向，同时还是我国大豆产业未来发展的需要。

二 研究目的

本书以我国农业供给侧结构性改革为契机，全面分析我国大豆市场的供给困境，提出旨在提升我国大豆国际竞争力的政策措施，实现促进我国大豆产业健康发展的研究目的。本书在既有理论成果的基础上，以全球大豆产业生产、贸易、市场格局发展为背景，全面总结了我国大豆产业发展现状、市场需求以及供需状况的历史演进和当前状况，从表现形式、外部效应和成因三个维度展开对我国大豆供给困境的全面分析。运用计量经济学方法全面、深入地分析我国大豆产业的要素投入不足、生产效率低下、国际竞争力羸弱的供给困境表现形式；对我国大豆供给困境的资源效应、生态效应、安全效应和结构效应进行了深入挖掘；对影响我国大豆产量、农民大豆种植面积及种植积极性等的诸多因素进行探析。探索发展我国大豆产业的出路，并提出了合理的政策建议，从而为国家制定如何走出大豆供给困境、提高大豆产业竞争力和保护大豆产业安全等问题提供理论依据及实证支持。

三 研究意义

在我国大豆市场需求旺盛和大豆供给严重不足的具体国情下，在目前全球大豆产业的生产及贸易格局下，我国大豆产业生产效率及国际竞争力受到了较大冲击，对此，本书旨在分析导致我国大豆供给要素投入不足、生产效率低下、竞争力弱化，并最终导致种植面积和农民种植积极性下降的因素，深入分析我国大豆产业供给萎缩与变化的原因，探索提高我国大豆产业发展的手段。

从理论上，本书从宏观、中观和微观三个层面对我国大豆产业的供需平衡、市场格局、生产效率、国际竞争力格局以及产业安全等问题进行了深入探讨，拓宽了我国大豆产业的研究思路，丰富了大豆产业相关的理论基础；从实践来看，本书是在我国农业供给侧结构性改革战略实施的契机下，对目前我国大豆产业发展所处的困境进行深入分析，对如何合理调整我国大豆产业种植结构、提高大豆产业供给能力和国际竞争力以及降低我国大豆产业进口的对外依存度进行深入探索，对于我国大豆产业的健康、可持续发展具有重要的战略与现实意义。

第二节　国内外研究综述

作为重要的粮食作物、油料作物和饲料来源，大豆的国际竞争力以及产业安全是关系到国家或地区国计民生的重要问题。作为大豆生产大国，我国在近二十年来出现了明显的大豆产量下滑现象，大豆种植农户的收入持续减小，大量的转基因大豆产品不断涌入国内市场，中国在大豆进出口方面的对外依赖度逐年升高，在出现这一系列问题的背景下，国家提出了农业供给侧结构性改革的战略措施，为我国的大豆产业发展提供了良好的机遇。长期以来，国内外学者在大豆供求、国际竞争力、大豆产业安全以及大豆国际贸易等诸多方面开展了大量有益的探索与研究，同时也取得了一系列的研究成果。

一 大豆供求研究

在大豆供求方面，国内外学者从要素投入、技术、价格以及政策等层面，主要运用供给反应模型或者生产函数等方法，对影响大豆生产的诸多因素进行了深入分析。霍克等（Houck et al.，1975）是开展相关研究较早的学者，他们通过建立美国大豆及其制品的市场供求结构模型，从生产、加工、贸易等角度考察了美国大豆的供求状况。研究指出，大豆的生产是由种植面积和单位产量共同决定的；大豆的市场需求是由存货需求（商业性存货和政府存货）、榨油需求、出口需求和其他需求（饲料、种用等）构成的，大豆的供给和需求共同决定了其市场价格；豆油和豆粕的供给是由大豆的压榨量决定的，其总需求是由国内需求和出口共同构成的；同时，政府可以通过调整存货和生产补贴等手段影响大豆的价格和耕种面积。查尼斯和霍尔特（Chavas and Holt，1996）以预期效用最大化为前提，提出农户种植面积反应模型并综合分析了美国大豆种植和玉米种植面积之间的反应，研究发现，农户收入和种植风险会对大豆和玉米的种植面积产生非常显著的影响。菲利普（Phillip，1999）通过对中国、美国、巴西和阿根廷等大豆主产国产业发展的研究发现，四国中大豆生产率最低的是中国。埃里克（Erik，2001）通过将巴西、美国和阿根廷等国家的大豆生产、运输和交易等方面进行对比分析，发现美国大豆在生产率方面的优势并不明显，而低运输成本和低交易费用才是其竞争优势的真正来源。古德温（Goodwin，

2004）对保险、大豆种植面积和大豆生产率三者之间的关系进行了深入分析，研究结果发现，大豆生产的农业保险有利于抵御大豆种植的自然风险，大豆种植面积明显增加，进而大豆生产的规模效应得以实现，大豆的生产率也显著提升。

国内方面，汤艳丽（2002）通过对比研究发现，中国因为过重的赋税导致大豆生产总成本高于美国，致使我国失去了在国际竞争中的种植成本优势。刘爱民等（2003）通过研究发现，中国大豆的直接生产成本虽然低于美国，但由于我国沉重的税收和社会负担，使国产大豆的成本要高于美国，而收益也要少于美国。周新安（2007）研究认为，产生我国大豆生产问题的最关键原因是大豆种植规模小。在国外低价粮食严重冲击国内市场的背景下，我国提出农业供给侧改革战略，其中最重要的工作就是对种植业结构进行调整，通过减少玉米种植面积来增加大豆的种植面积，以此来解决玉米库存过剩、大豆供给不足的结构性矛盾问题。随着农业供给侧结构性改革的不断推进，必将会对大豆产业的发展产生重要影响。对此，国内众多学者开展了大量研究并做了深入探索。王文涛（2016）认为，当前国外低价粮食不断冲击国内市场，调减玉米、增加大豆便成为农业供给侧结构性改革的一项重要工作。然而，贸易开放程度名列第一的粮食作物——大豆，倘若实现其产量规模扩大的政策目标，将大豆产业发展的未来规划上升到国家粮食安全战略的高度则显得尤为重要。江维国（2016）认为，需求管理和供给管理共同构成宏观经济调控，两者应共同应对国内经济问题边际效应日益递减、实施成本远高于预期成效等问题。当今我国农业问题即农产品有效供给明显不足和高库存同时存在、农产品收益受价格天花板和成本"地板"双重挤压，基本存在于供给侧，所以要从生产要素（土地、劳动力、资本）、创新能力及制度层面着手，推动农业供给侧结构性改革取得新进展，从而达到农产品的提质增效、可持续供给的良好局面。郑适（2016）从粮食政策发展历程及现状出发，研究了玉米"三量齐增"困境的症结，以及供给侧结构性改革的必要性。总结出玉米供给侧结构性改革的基本思路即价补分离，大豆和玉米的改革应同时进行等措施。改革的理论前提是形成对市场和计划关系的正确认识，实现改革的基本目标即国家粮食安全，而玉米供给侧结构性改革的关键在于科技进步。陈叶盛、潘华斌（2016）对目前中国玉米产业存在的"三量齐增"、国内外价格倒挂、市场需求动力不足等诸多矛盾和难题进行分析，得出有必要加快实施玉米供给侧结构性改革，并在产业结构优化与产业提质增效上下功夫的结论。王文涛（2016）对国际冲击背景下农业供给侧结构性改革与需求侧改革进行了探讨，认为在我国农产品市场全面开放并受国际市场全面冲击的背景下，既要进行农业供给侧结构改革，也要进行需求侧改革，通过将供给侧与需求侧改革相结合，从而实现我国粮食市场平衡和粮食安全的目的。杨建利、邢娇阳（2016）对我国农业供给侧结构性改革进行了系统研究，回答了农业供给侧结构性改革"为何改、改什么、如何改"的问题，从而为加快我国农业供给侧结构性改革进程，实现粮食和主要农产品的有效供给，增加农业综合效益、提高农民收入水平、增强农业竞争力及改善农业生态环境提供决策依据。舒坤良、王红丽等（2016）在回顾1978年以来吉林省种植业结构演变的基础上，研究评价了2015年和2016年吉林省玉米供给侧结构性改革实践及其效果。研究显示，当前的供给侧结构性改革实施强度较弱，与实现去库存、增效益、促发展的政策目标还有较大的差距。因此，他提出推进农业三次产业融合的总体思路，指出种植业、畜牧业、加工业供给侧结构性改革的路径，倡导对玉米、大豆、苜蓿实施轮作制以达到粮经饲和谐发展，主张采用青贮、黄贮等方式推动种养业良性发展，并给出加快农业科技进步、种养加协调发展的政策建议。孙学立、蒋天虹等（2016）认为，调减玉米种植面积，扶持大豆种植，调整农业种植结构，加强农业供给侧结构性改革，形成结构合理的农产品有效供给，是实现中央提出"去库存、降成本、补短板"政策目标的根本举措。

二　大豆国际竞争力研究

国外学者主要集中于对美国、巴西、阿根廷、中国和日本五个重要的大豆贸易国进行国际竞争力方面的分析和研究。Liu Yao、Guan Dawei、Jiang Xin（2015）等通过研究日本大豆产业的竞争力，发现在1973—1978年世界大豆供给短缺时期之后日本零售市场的大豆价格剧增，国内市场被垄断，直到1978年日本进口中国大豆以后其市场才恢复竞争力。M. Ash和Dohlman（2007）对美国、巴西和阿根廷大豆的生产成本和竞争力进行了比较，研究发现美国大豆在生产成本上没有竞争力优势，但是，在运输成本和交易费用上具有优势。Chen Wei、M. A. Marchant和A. Muhammad（2012）比较了中国与美国大豆的生产效率和生产成本，研究发现，中国东北地区比美国中西部地区更有生产成本优势，而美国中西部地区的大豆生产具有生产效率优势。J. I. Vitta、D. Tuesca和E. Puricelli（2004）研究了阿根廷大豆生产的优势和劣势，并探讨了从20世纪初到2003年阿根廷大豆的产出和加工能力。B. G. Kaufman、T. E. Jiru、K. E. Lleleji等（2010）介绍了北美大豆的生产、营销、加工、消费及20世纪60年代至21世纪初的大豆贸易，并讨论了北美大豆的国际合作和研究。他们认为，北美的大豆具有很强的国际竞争力。K. Yamaura（2000）对日本非转基因大豆进口市场进行分析，用需求函数估计两国部分均衡模型以测试日本非转基因大豆市场力量的存在，结果表明就算非转基因大豆及其相关产品价格偏高，日本消费者也愿意购买。B. Song、M. A. Marchant和S. Xu等（2006）对我国贸易进口格局进行了分析，选取了美国、巴西和阿根廷作为研究对象，得出巴西在中国最具市场优势，美国和阿根廷次之，并且在对三个国家向我国出口大豆的时间和该时间内的出口数量进行对比后发现，三个国家对我国的大豆出口存在季节性互补。Jiang Lili、Guo Xiangyu和Wei Donghui（2011）从种植面积、总产量、单位面积产量和主产国四个方面对美国、巴西、阿根廷、中国的大豆竞争格局进行分析，并指出提高我国大豆国际竞争力的建议。

X. AO（2012）研究了黑龙江大豆产业的竞争力状况，首先进行定量分析，具体方法是，先计算出大豆成产成本，再运用波特钻石模型定量分析影响黑龙江大豆产业竞争力的五大要素。其次进行定性分析，具体方法为，将黑龙江大豆产业的波特钻石模型五大要素和美国大豆产业进行对比，然后得出结论认为，黑龙江大豆产业缺乏竞争力。最后给出提高黑龙江大豆产业竞争力的建议。

W. He、S. Yang、R. Guo 等（2016）通过从中国大豆需求角度分析我国大豆的国际竞争力，并引用豆粕的价格和石油的价格作为条件变量，结果表明，价格变化是影响我国大豆国际竞争力的显著性因素，然而原产国的竞争和产品自身的竞争又是影响价格的主要因素。最后得出结论，原产国的竞争和产品自身的竞争是影响我国大豆产业竞争力的重要因素。E. Vorotnikova 和 J. Seale（2014）从土地分配的角度研究了我国五大粮食作物，即水稻、玉米、小麦、棉花和大豆的国际竞争力，研究得出竞争力最稳定的是玉米，其余农作物的竞争力都有下降趋势。结果还表明，这五种农作物之间也存在竞争，而且这种竞争是通过影响消费者的行为方式从而影响各种农作物的国际竞争力。

国内也有大量关于我国大豆国际竞争力的影响因素的研究成果。翟雪玲、刘伦、曹靖（2002）从成本、质量、规模、单产、科技等方面探讨影响我国大豆的竞争力的因素，研究表明，我国大豆处于粗放型的生产方式，单产水平较低，政府对大豆的补贴政策不完善，而且大豆价格降低，挫伤了豆农的生产积极性。因此要依靠科技提高大豆单产和品质，利用世界贸易组织规则增强对大豆的政策支持，同时要充分发挥非基因大豆的优势。朱希刚（2003）认为，中国豆粕需求量剧增是中国大豆大量进口的重要原因，并从我国大豆地位、国内大豆价格体系、大豆生产成本、大豆营销体系及大豆进口配额等方面分析阻碍中国大豆生产的因素。在研究如何提高我国大豆国际竞争力方面，张清（2005）认为，要提高我国大豆的国际竞争力应建立东北优质大豆基地，同时要培养和扶持一批国家级别的大豆加工企业，建立中国东北大豆的品牌。刘翔峰（2009）认为，应发挥我国"非转基因大豆"的比较优势，提高"绿色大豆"品质，打造"绿色大豆"品牌，扩大国内外市场份额，逐步形成以中国为中心的国际非转基因大豆市场。在实证研究方面，乔娟（2004）运用比较分析法、因素分析法对中国大豆的国际竞争力及其变化趋势进行深入分析，并提出了中国大豆国际竞争力评价体系，该评价指标体系包括国际竞争力指标、直接和间接因素指标、深层次因素指标——基本因素及政府作用。钟金传（2005）用国际贸易理论、系统学和生态学建立了大豆产业国际竞争力评价模型，对全球大豆产业国际竞争力演变格局、中国大豆产业国际竞争力下降的原因及竞争力下降的演变机制展开了系统分析。栾立明、郭庆海（2010）在评估国产大豆的国际竞争力方面采用的评价指标是国际市场占有率、贸易竞争指数和显示性比较优势指数，研究表明，我国大豆国际竞争力很弱且呈弱化的态势。邓郭艳、李冬梅（2010）用综合比较优势指数法比较了中国南北大豆生产省份的比较优势并分析其影响因素，研究发现，南方大豆的国际竞争力与北方有较大的差距，但是差距正在缩小。要提高南方大豆的国际竞争力需要政府加强对南方大豆产业的扶持，扩大南方种植大豆的规模，需对南方大豆的育种和栽培技术以及大豆加工技术进行完善。廖翼、姚屹浓（2015）分析世界大豆贸易大国的国际竞争力，采用国际市场占有率和贸易竞争力指数两种国际竞争力指标，研究显示，美国、巴西和阿根廷具有极强的竞争优势。然而，美国大豆国际竞争力有所下降而巴西大豆的竞争优势逐渐增强。张立富、刘天慧（2015）采用三种指数即国际市场占有率、显性比较优势指数、贸易竞争力指数对我国大豆产业国际竞争力进行测度，研究结果表明，我国大豆产业竞争力极低，提出从加大科研投入、政府加强政策支持、推进土地流转等方面提高我国大豆产业国际竞争力的策略。杜晓燕、张彬（2016）采用理想解法和灰色系统理论相结合的

T—G 模型的实证方法，对我国大豆产业国际竞争力进行评价，结果表明我国大豆贸易竞争力相对较弱且大豆产业的生产规模偏小，难以形成规模经济。进而提出在加大政策扶持力度、积极学习和借鉴国外大豆生产先进的管理经验、健全农业科技创新激励机制等方面提高中国大豆的国际竞争力。

三　大豆产业安全研究

国外方面，学者梅尔克（T. Mielke，2012）研究发现，美国大豆的种植面积和单位产量决定大豆的产量，大豆的存货需求、压榨需求、出口需求、饲料及种用需求构成了大豆的总需求，大豆的供给和需求决定大豆的价格。大豆压榨量决定豆粕和大豆油的供给量。Manhong Zhu 和 John Van Sickle（2015）认为，全球豆粕的需求量会大幅提高，大豆油会与其他植物油进行竞争。并认为进口大豆及大豆制品而集中生产高产的作物对中国是有利的。同时，他认为，转基因大豆是安全可靠的。夏瓦（V. Shiva，2004）认为，农业产业安全危机有可能剥夺大量发展中国家人口的生存权，为发展中国家的政治经济危机埋下隐患。施内尔（B. Schneier，2007）认为，全球大型农业跨国企业以利润最大化为目标，建立的以发达国家为中心的全球农业体系会严重损害发展中国家的农业产业安全。马格多夫（F. Magdoff，2012）认为，农产品制造公司可以通过垄断优势获得垄断利润，从而不断扩大自身的垄断势力。例如 Monsanto 公司，其在种子市场上具有垄断优势，并且通过种子影响农民的生产，从而影响农产品的价格，从而威胁其他国家的产业安全。Jiang Jian（2006）研究了中国的贸易措施和国内需求对于美国大豆产业的影响，通过研究得出结论，中国降低大豆、大豆油关税和增加豆粕需求将同时提高中国和美国的企业福利。维瓦斯（E. Vivas，2012）等通过研究得出结论，跨国公司会对当地的生产模式产生影响，影响当地的农业可持续发展，从而影响当地农产品的产业安全。格莱因（B. Grain，2009）认为，跨国公司通过垄断优势在大豆产业链的关键环节实现收购将会直接影响到该国的大豆产业安全。

国内关于大豆产业安全影响因素的研究。何秀荣、李平、张晓涛（2004）分析了影响阿根廷大豆产业发展的主要因素及阿根廷政府的农业政策对其大豆产业发展的影响，研究表明政府对农业松绑减负是支持农业发展的一种方式，同时对发展中国家而言，良好的产业发展环境对产业发展影响更大。王旎、王恩学、闫德华（2010）从我国大豆供应对外依存度、大豆加工主体、大豆市场定价权三方面分析我国大豆产业的困境，并从我国大豆总体态势、市场竞争力和竞争力环境方面解释造成我国大豆产业困境的原因，并提出走出困境的建议。刘翔峰（2009）分析了外资在中国大豆压榨行业的扩张及国际粮商的全球大豆一体化战略，认为外资占领我国大豆压榨行业是走"贸易参与—合资合作—购买股权—独资设厂"的路线。董银果、韩立彬（2011）认为，外资控制了中国大豆的定价权，会提高植物油的价格，对中国的 CPI 产生重要影响，并提出严格审查外资对粮食企业的控制的建议。黄斌全、熊启泉（2011）认为，以美国为主的跨国粮商为了获得最大的利润正逐步渗透到中国植物油消费市场和饲料供应市场以控制我国大豆整个产业链，以ABCD 为代表的外资公司在巴西、阿根廷与豆农签订收购合同以控制大豆的来源。王雪尽（2010）从大豆的生产、进出口和加工业三方面分析我国大豆面临的危机，提出解决我国大豆产业危机的对策。白钦先、李军、张东升（2008）指出，中国农业发展银行应该调整信贷思路，有针对性地从多个角度对中国大豆产业进行信贷支持，充分发挥金融的支农作用，采取切实措施，为中国大豆产业走出困境、振兴黑龙江大豆产业做出贡献。韩天富、侯文胜、王济民（2008）认为，发展转基因大豆有利于改革耕作制度、降低生产成本、提高种植效益、推进科技进步，对于提升中国大豆产业的市场竞争力、保障国家粮食安全、促进农民增收具有重要意义。中国已具备发展转基因大豆的技术条件和社会环境，近期应立足已有基础，借鉴国外经验，加快转基因大豆新品种的培育，重点研发节本型、优质型和抗病虫、耐逆、营养高效型转基因品种，尽快实现转基因大豆的产业化。

在实证研究方面，张昕（2010）用灰色系统模型、因子分析模型、DEA数据包络分析及案例研究法从资源要素、国际产业竞争力、引进外资和金融产业安全四个方面构建中国大豆产业安全指标体系和风险计量模型，研究结果显示，影响大豆产业安全的最重要指标是产业控制指标和产业对外依存度，而中国大豆产业当前处于不稳定和不安全状态。余建斌、乔娟（2008）运用勒纳指数构建计量模型分析外资对我国大豆进口的影响，结果显示，在中国对美国的大豆进口中一直存在卖方垄断行为，而中国在对巴西的大豆进口中卖方垄断行为仅发生在双方交易费用较高时，而中国对阿根廷的大豆进口不存在卖方垄断行为。张艳飞（2011）运用勒纳指数和G—K模型测定美国、巴西和阿根廷对我国大豆进口的垄断程度，研究表明美国始终对我国大豆进口存在较强的垄断力，与此同时，巴西和阿根廷对中国大豆进口的垄断力日趋增强。贾兴梅、李平（2012）从我国大豆产量与需求、对外依存度两方面分析我国大豆产业的现状，而且运用大豆产业安全评价指标体系，采用三种指标即国内环境评价指标、国际竞争力评价指标、对外依存度评价指标，经过初步估算得知中国大豆产业安全受到重大威胁。鲍韵、吴昌南（2013）分析了外资控制我国大豆产业的现状及危害，提出了建立大豆产业安全预警系统，该预警系统包括大豆生产、贸易、深加工和品质与健康预警子系统。谷强平、周静等（2015）通过设置大豆产业安全状态的警限范围，计算出大豆产业安全指标值达到安全状态的映射值，最终用大豆产业安全度综合指数的方法对中国大豆产业安全状况进行测算。结果表明，自2000年以来，由于中国大豆在产量、进口量及消费量上相差悬殊，导致我国大豆产业安全一直处于"危机"状态，并有进一步恶化的趋势。

四 大豆对外贸易研究

国外学者的研究主要集中在美国、巴西、阿根廷及日本大豆贸易现状、影响因素等方面。Wang Jiayou（2016）用大豆的计量经济模型研究了中国台湾和日本大豆进口的影响因素，研究发现，地区的经济发展决定了大豆需求，畜产品进出口政策的变化对大豆的进口需求产生一定的影响。巴里·K. 古德温、兰迪·施内普夫和埃里克·多尔曼（Barry K. Goodwin, Randy Schnepf and Erik Dohlman, 2005）系统比较研究了美国、阿根廷和巴西的玉米、大豆和小麦等粮食产品的竞争力。他们认为，尽管农产品市场竞争力反映了多种因素的影响，如相对资源禀赋、气候条件等，但是，最简单来看，国际市场竞争力就是以最低的成本来销售产品的能力，最低的生产成本、交通成本和营销成本。他们实证比较了美国、阿根廷和巴西三国从各自大豆主产区，到共同目的港鹿特丹的成本结构，包括生产成本、交通成本和营销成本，发现美国的大豆出口成本竞争力弱于阿根廷和巴西。Z. M. Larbier、A. M. Chagneau 和 P. A. Geraert（1993）用油料进口模型研究了日本进口大豆和进口油菜籽两者之间的关系，研究表明大豆进口量增加则油菜籽进口量减少，大豆进口量减少则油菜籽进口增加。B. K. Goodwin 和 M. L. Vandeveer（2004）创新性地研究了美国农作物保险对大豆种植的影响，通过实证分析，得出美国农作物保险体系起到了很强的补贴效果，参与农作物保险的种植者面临的风险较低，且收益较高，因而对美国大豆种植面积起到了促进作用。K. Takagi、K. Nishizawa、A. Hirose 等（2013）运用联合分析法对消费者购买大豆油意愿的影响因素进行分析，得出结论，76%的消费者购买意愿受到转基因标识的影响，转基因标识使这些消费者转变购买意愿，而主要影响消费者购买意愿的还是大豆油的价格。G. Y. Deng（2010）利用比较优势指数来研究我国南北方的大豆产业国际竞争力，研究结果表明，南方大豆比北方大豆更具有竞争力，并给出调整耕地面积的方案和实现规模收益的方法。穆罕默德（A. Muhammad，2014）利用风险配置模型研究国际大豆市场，得出结论，价格是影响一国大豆进口的重要因素，并对此方面提出改善进口策略的合理化建议。J. D. Friend 和 R. D. S. Lima（2011）从交通运输系统、运输成本和运输政策三个方面比较美国和巴西的大豆出口竞争力，在运输成本方面，美国优势明显。通过比较后发现美国的大豆出口竞争力高于巴西，最后提出如何提高巴西出口竞争力的对策建议。Tao Tan、ShenJie 和 Michael Reed 等（2013）利用动态面板的随机效应模型研究了大豆出口的影响因素，因素包括转基因调控政策、严格的审批程序和进口管理政策，研究发现，转基因调控政策不能增加大豆的出口，严格的审批程序和进口管理政策阻碍了大豆的出口。E. Holt – Gimenez 和 L. Peabody（2008）认为，金融衍生品市场的农产品交易扭曲了农产品的价格走势，从而影响了世界贸易的有序进行。

国内对大豆贸易影响因素的研究主要有：邹於娟、武拉平、谭霖（2009）以利用定量分析的方法对中国大豆对外依存度的影响因素进行分析，结果显示，中国大豆对外依存度的显著影响因素是国内大豆压榨需求、大豆关税税率，而中国大豆对外依存度的不显著影响因素是国内外大豆价格差、中国外汇储备和实行转基因安全管理条例。邹於娟、程杰、谭林、武拉平（2009）采用我国加入世界贸易组织以来的大豆贸易月度数据，用季节调整且以单位根检验为方法对美国大豆加工量、出口量及其库存量对我国大豆进口的影响进行探究，研究表明，我国大豆进口量与美国大豆压榨量呈现正相关关系，而我国大豆当月进口量与美国大豆当月净出口量呈显著负相关关系，美国大豆的出口会受美国大豆的库存量的限制，我国大豆进口则受其间接影响。吕晓英、李先德（2011）对中国大豆进口贸易的长期均衡和短期调整运用协整理论进行了系统研究，结果显示，中国大豆进口量同大豆供给、国内需求及大豆市场价格之间维持长期均衡关系，中国大豆进口量短期波动受到市场供给、替代品和价格变化、偏离长期均衡波动的影响，国产大豆产量与国际大豆价格比成为影响中国大豆进口的重要因素。叶丰（2011）分析了当前中国大豆贸易格局形成的原因，他认为，中国由大豆净出口国变为大豆净进口国是由于匮乏的耕地资源，较低的科研能力，较高的流通成本造成的，并认为国内豆农从缺乏比较优势的大豆产业中退出选择具有比较优势的玉米、小麦、稻谷等粮食作物增加了我国的福利。林树斌（2011）从植物油的消费标准的角度认为目前我国居民植物油消费量过高，这不仅不利于国民健康也增加了进口油脂的费用，林树斌认为，每人每天脂肪摄取量在30—35克利于人的身体健康，在该豆油豆脂的消费水平下，我国就不需进口豆油豆脂。

在大豆贸易格局研究方面，叶丰（2011）运用国际贸易理论对当前大豆产业贸易格局的成因进行分析，研究结果表明，我国大豆进口量激增和外资加速整合大豆加工业的现象，正是我国在国内资源禀赋条件下应用比较优势积极适应国际大豆产业分工的体现。与此同时，我国的比较劣势即人均耕地资源稀缺、研发能力薄弱、流通成本高促使中国贸易角色的转变即大豆净出口国变为大豆净进口国。蓝昊、宣亚南（2008）分析了世界大豆贸易格局的现状，把20世纪80年代初期作为一个转折点，分两阶段详细地阐述了美国由对大豆贸易的完全垄断到和南美的阿根廷、巴西形成的寡头垄断的转变过程。深入探讨了南美崛起的原因，最后提出对我国的启示。在大豆贸易效应研究方面，强文丽（2013）通过定量分析，认为中国大豆进口贸易的生态和社会经济效应值均低于美国、巴西、阿根廷。曹军（2009）通过对实际汇率变动视角下中国进口大豆影响社会福利状况进行分析，得出如下结论：假设其他因素不变，人民币升值将导致大豆进口增加，进而引起消费者剩余及消费者福利增加，但是生产者剩余和生产者福利减少，两者比较而言，前者的增加多于后者的减少，从而最终的结果是社会总福利增加。在实证研究方面，高颖、田维明（2008）对中国大豆进口的影响因素进行研究，其采用大豆进口引力模型对贸易双方的经济规模、人口规模、距离、价格和汇率、双方的大豆贸易政策等因素进行了分析与评价，研究显示，从国内需求的视角观察，大豆进口数量与中国经济规模呈正相关关系。从国内供给视角观察，国内大豆供给与进口之间存在较强的替代关系，此后国内供给量相当大程度上决定大豆进口数量。张迪（2015）利用面板数据模型、线性回归模型以及二元Logit 模型对我国大豆贸易格局的影响因素进行实证分析。分析结果表明大豆和大豆产品（豆油和豆粕）的进口量以及大豆的相关政策变动是影响我国大豆进口贸易的主要因素，除此之外，大豆自身的产量也对进口贸易产生一定程度的影响。谷强平（2015）对我国大豆进出口贸易的影响因素采用引力模型的方法进行了实证分析，分析结果表明，中国国内生产总值、中国人口总量、贸易伙伴国大豆产量、中国豆油豆粕消费量、世界贸易组织成员国资格等因素都对中国大豆进口量具有正面影响，并且都在 1% 的显著性水平下通过检验，说明其影响十分显著。中国与贸易伙伴国之间的距离、贸易伙伴国人口总量、中国大豆产量、中国豆油进口量、汇率、大豆国际价格与国内价格比及转基因政策实施等因素对中国大豆进口贸易量具有负面影响。高颖、田维明（2007）对中国大豆进口需求采用差异化的进口需求模型进行了研究。研究显示，中国在对美国、巴西、阿根廷的大豆进口数量保持弹性，与此同时，对其大豆出口价格变化十分敏感；并且，其他影响因素不变时，中国大豆需求量的增加引起美国大豆出口的增幅最大，美国可能是最大的受益国；其后是阿根廷、巴西。高颖、田维明（2008）运用引力模型对中国大豆贸易的影响因素进行定量分析，结果显示，对中国大豆贸易产生显著影响的三个主要因素是中国大豆的进口价格、贸易伙伴国的产业政策、中国大豆市场的开放程度。

五　国内外研究述评

综上所述，大豆的供求、竞争力、产业安全和对外贸易问题已经得到各国政府和学术界越来越多的关注，国内对大豆国际竞争格局、大豆国际贸易及大豆产业安全的研究已有很多，同时也取得了丰硕的成果，这也为本书研究的开展奠定了坚实的基础。但已有研究与快速发展的国际大豆市场对研究成果的需求相比仍显不足，急需进一步加强相关研究。

从研究内容看，虽然在中国农业供给侧结构性改革对大豆产业发展的影响方面有所涉及，但只是对所产生影响的一个或少数几个方面做出定性描述，并未对中国农业供给侧结构性改革对大豆产业发展的市场格局与演进逻辑、大豆生产效率与竞争力，以及大豆供给变化的效应、萎缩原因进行深入、系统的研究。

从研究视角看，对于大豆贸易的研究大多集中在中国大豆的比较优势和竞争力、贸易自由化对大豆产业安全的影响、大豆贸易价格与定价权方面，但对大豆进口贸易影响因素及其效应进行系统的定性、定量分析，以及未来我国大豆发展的出路方面的研究相对较少。

第三节　相关概念

一　大豆产业

目前，有关大豆产业的概念并没有形成统一的认识，且对大豆产业的范围界定还较为模糊。但当前经济学领域普遍认同的大豆产业的定义是：一切从事与大豆及其制品的生产、加工、消费、流通、贸易以及提供相关服务的单位或个体所进行的与大豆相关的经济活动的集合。因此，大豆产业既包括大豆相关的各个产业，即大豆种植业、大豆流通业、大豆的加工业和大豆的消费业，以及提供大豆生产前期、中期和后期相关服务的各个产业。简单而言，大豆产业是一个综合体，包含参与大豆贸易的全过程的主体以及这些主体进行的相关行为。所以，大豆产业包含和大豆产业相关的贸易环节较多，并且涵盖了大豆贸易的各个环节，从工业、农业和服务业的角度来看，按照产业的类型进行匹配，可以将大豆产业的种植划分到农业中，将大豆加工业划分到工业中，将大豆的流通与贸易业划分到服务业中，说明大豆产业可以属于第一产业、第二产业和第三产业。大豆产业相关的产业如图 1-1 所示。

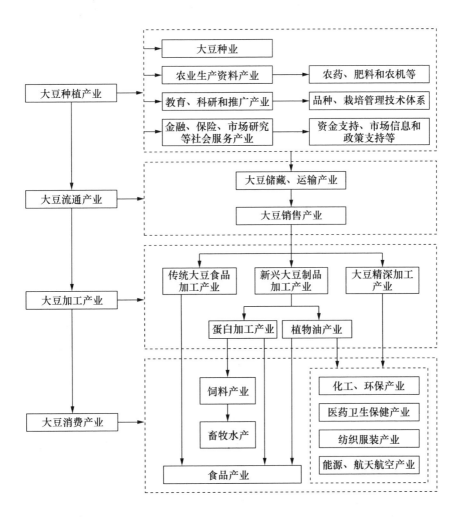

图 1-1　大豆产业相关的行业

根据定义，可以看出大豆产业有如下特征：

（一）地域性特征

大豆产业资源形成产业经济的过程是基于一定的地域性特征的。产业的发展与相应的作物特性是分不开的，并在其经营模式下逐渐发展起来的，因此，地理环境对其产生了重要的影响。在产业资源的推动下，可以很好地为社会经济发展提供动力。在国际经济社会发展的过程中，以某种特有的资源优势形成一定产业经济的例子并不鲜见，比如荷兰的花卉王国产业、澳大利亚的羊产业、新加坡的旅游产业等，这些国家在特定资源优势的依托下逐渐形成一定的产业经济发展模式。长期以来，我国依靠优越的土壤条件和适宜的气候条件，使大豆产业得到了长足发展。据统计，目前我国主要的大豆生产地区主要分布在黄河流域、淮河流域、海河流域以及东北部地区，其中东北部四个省份的大豆种植面积和大豆产量占全国总产量的一半以上。在东北部地区的四个省份中，黑龙江省在其优越的地理环境作用下，使该地区的大豆产量明显高于其他地区，成为东北部地区大豆产量最高的省份，据统计，黑龙江省大豆的种植规模占我国总种植规模的1/3，而大豆的生产量则超过了全国总产量的1/3，使其成为我国最主要的大豆生产地之一，在全国的大豆生产中起着举足轻重的作用。同时，黑龙江省还是全国大豆贸易和贸易产业发展水平较高的省份，可以看出，在地理优势的推动下和资源优势的驱动下，地区的大豆产业可以得到较好的发展。

（二）产业集成性特征

大豆产业涉及农业、工业和服务业等诸多领域，以大豆产业为基础，可以将多个行业的诸多因素进行集成，实现对第一产业、第二产业和第三产业的有效整合。

首先，以大豆的生产为基础，当大豆产量积累到一定的程度时，会促进大豆产业的发展。一方面，大豆的生产可以不断促进农户的增收，提高农户的种植积极性，进而为农村的经济增长和地区的农业发展创造有利条件；另一方面，大豆产业的发展可以带动相关的畜牧业、农药、肥料以及农机、食品等工业产业的发展，进而促进地区经济的快速发展。

其次，从长远来看，大豆产业的正确发展方向是农业的产业化、规模化和专业化，当大豆产业发展到一定阶段后，可以将与大豆产业相关的生产、加工、销售、贸易等诸多的环节进行整合，使其更加紧密地联系在一起，形成一个包含大豆产业上、中、下游各个产业的相互关联、相互促进发展的完整链条，同时，通过这种经济联系形式，可以不断促进与之相关的产业快速发展。大豆产业的相关企业在专业化和规模化的发展方式下，可以加强市场化中与大豆农户的紧密联系，农户也可以通过其更加有效地掌握大豆产业的市场动态，既可以提高企业应对市场变化的能力，又可以大大降低大豆产业市场风险和增强各个层次抵御市场风险的能力。

（三）成长性特征

从大豆产业的发展来看，在大豆产业的开发过程中，社会对大豆相关产品的需求量是十分巨大的。其中，由大豆制作的油料产品受到了社会的广泛关注和普遍认可，社会对油料产品的需求量也与日俱增，目前豆油已成为最主要的大宗油料消费品之一。目前，在豆油制作过程中产生的豆粕也在畜牧养殖业中被广泛使用，并已成为畜牧养殖业中重要的牲畜营养添加剂。同时，大豆加工过程中有关的副产品在诸多的行业中也得到了广泛应用，其中包括医药产业、服装业、化工产业、包装业、军事和航空航天等领域，由大豆加工产生的产品在这些行业中发挥了重要作用，因此，对于从事大豆产业的企业而言，具有较为广阔的发展空间和良好的发展前景，其成长性较强。

（四）示范性特征

在大豆产业带动下，大豆生产以及其衍生产品可以在很大程度上促进规模制作经济的持续发展，并使与之相关的大豆产业各个环节分别形成其特定的经济发展形式，在其共同作用下，使大豆产业既可以成为社会经济不断发展的动力来源，同时还可以形成一定的示范性作用，并表现在以下几个方面：第一，促进粮食产业的发展。长期以来，大豆是我国粮食产业结构中的一个重要组成部分。据统计，我国的大豆产量占全国粮食总产量的5%，在全国粮食产量中占据十分重要的地位。同时，作为一种重要的经济作物，大豆也是种植农户的主要收入来源之一，对农民生产生活和社会稳定起着重要的作用。第二，促进畜牧业的发展。畜牧业的发展离不开饲料资源，在大豆制作过程中产生的豆粕作为畜牧业中重要的大宗性畜营养添加剂，将对畜牧业的发展产生重要影响，在近年来我国畜牧业快速发展的过程中，大豆产业对其的支持起到了举足轻重的作用。第三，推动新兴工业的发展。在大豆产业中，以大豆为原料研制开发的产品已在各个领域得到了广泛应用，越来越多的新兴工业开始利用大豆作为生产材料，在大豆产业的支持下，新兴工业的发展将会越来越好。

二 生产困境

生产困境是本研究的核心概念之一，在本书语境中，困境是指困难的处境，可以理解为陷入艰难险阻或无法摆脱的环境中。在经济领域中，困境通常是指供需失衡的矛盾无法自行解决的状态，或者即便供需之间是平衡的，但市场参与主体的利益持续受损的状态，因而市场供需平衡无法长期维持。经济中的局部或全局陷入困境时，市场出清和福利最优两种状态无法达成，市场处于失灵状态。

生产困境是市场供求矛盾在生产领域的表现形式，是市场生产与市场有效满足需求之间长期不匹配的状态，表现为产能不足和产能过剩。按照古典经济学理论，在市场完善的情况下，供给与需求会自动匹配，因而不会出现需求不足的危机。其隐含的假定是，市场可以自动地处于充分就业的均衡状态。然而资本主义市场经济周期性经济危机的出现表明，充分就业并非是刻意自动实现的稳态。大危机之后，凯恩斯主义理论提出了总需求管理的理论体系，强调需求侧对市场非均衡的主导作用。然而，20世纪70年代西方社会滞胀现象的出现，使人们认识到在市场的非均衡中供给的作用也不可忽视，单纯的总需求调节并不能实现市场出清和福利最优的状态，政府也存在失灵的情况。当然，上述理论是针对整个国民经济的总需求和总供给来说的，具体到单一市场或产业部门，需求是相对稳定的，因为其有着比较广泛的需求主体分布，而消费者的偏好也相对稳定。与之相对应地，供给则会因为要素、生产效率、市场结构等诸多条件的影响而出现产能不足或产能过剩，且这种供给矛盾无法通过自身市场条件而被解决，而只能通过与外部经济的交换予以弥补。而此过程可能产生循环累计，造成国内生产长期萎缩的状态，在本书研究中，这种状态就被定义为生产困境。

聚焦到大豆产业，1992 年以前，中国大豆的年需求量稳定在1000 万吨以下，大豆国内供给与消费能够基本保持平衡，随着大豆国内需求的快速增长，自 2002 年以来，国内大豆生产已经无法满足国内日益增长的消费需求，中国大豆生产逐步陷入困境。即国内大豆供给已经无法满足居民的消费需求，且这种状态正在进一步恶化，无法通过市场自身的调节而恢复到供求平衡的状态。

我国的大豆生产困境表现在三个方面：一是大豆生产的要素投入相对不足。要素的配置受其边际产出的影响，在市场机制下，竞争的结果会导致要素的边际回报在不同的产业间趋同。但由于我国农业生产的市场化程度低，要素的边际贡献率低于国外农业，因而国内生产要素流出大豆供给领域，造成要素投入不足。二是大豆生产效率偏低。大豆的生产效率取决于生产函数中各要素间的比重关系。我国农业的资本化程度长期低于欧美发达国家，农业生产中，劳动力要素的占比仍然偏高，限制了农业产出的增加。加上农业生产的规模小，缺乏规模经济优势，单位产量的成本高，限制了生产效率的提高。另外，农业科技投入不足也限制了我国大豆生产效率。三是大豆产业竞争力偏弱。产业的市场竞争力主要体现在价格竞争力、成本竞争力、生产率竞争力等方面。随着我国劳动力成本的上升，资本要素对劳动的替代必然成为大豆生产的趋势。由于缺乏规模优势，要素边际成本的上升使我国大豆缺乏成本竞争力，而农产品价格与成本高度相关，造成价格竞争力弱。在生产率水平相对较低的情况下，价格竞争力弱造成劳动边际报酬偏低，进而削弱了要素的供给，最终弱化了产业的竞争力。

三方面供给困境表现之间具有关联性，要素投入不足是造成生产效率偏低的重要因素，而生产效率偏低又限制了产业的竞争力。竞争力下降导致的结果是进一步的要素投入下降，形成循环累计，造成整个大豆供给陷入恶性循环，从而形成供给困境。总的来说，供给困境的最终体现是：国内大豆供给数量的持续下降，大豆进口量持续增加，大豆产业逐步被外资控制，大豆产业安全也陷入危险的境地。

三 生产率与生产效率

生产率指的是衡量每单位投入的产出量，是用来表示产出与投入比率的术语。生产率的概念最早是在欧洲兴起的，美国曾于1982年对其进行了概念界定。在具体研究中，可以根据投入要素数量的不同，将生产率分为单要素生产率、多要素生产率或全要素生产率。

生产效率则是物理学的概念，不同学科领域的专家学者从不同角度对其进行了定义。英国的法雷尔（Farrell）在1957年将生产效率分为技术效率和配置效率；Lei在1966年进一步发展了法雷尔的思想，认为技术效率是投入一定量要素后，得到最大产出的能力，配置效率是特定价格和技术条件下，最佳的投入产出能力；由于配置效率的前提假设难以获取，人们对生产效率的研究实际上多是对技术效率的研究。本书所说的生产效率也选择技术效率作为研究的基础。

大豆生产率和生产效率是两个不同的概念，这里进行简要的区别分析。对于生产率和生产效率的对比，如图1-2所示。

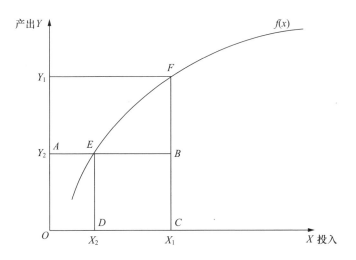

图 1 - 2   大豆生产率和生产效率对比分析

其中，f(x) 表示生产前沿面，即大豆生产最优边界；X 轴表示投入，Y 轴表示产出；其中，X 轴对投入的每个要素都进行表示，如要素 1 为 X_1，对应如图中的前沿点 F，生产水平为 Y_1；假设在大豆生产中，由于天气、技术等原因导致大豆生产状况不好，则对应图中的 B，生产水平为 Y_2，那么该大豆生产的生产率为 Y_2/X_1；此时生产效率则需要从投入和产出两个角度来看，从产出来看，生产效率为实际产出和最优产出水平的比值，即 Y_2/Y_1；从投入来看，实际产出水平在没有损耗的情况下，若产出为 Y_2，则所需的生产投入为 X_2，对应前沿点 E，而实际生产投入为 X_1，因此存在投入过量或者使用不当的情况，则此时的生产效率可以用 X_2/X_1 来表示。

四　国际竞争力

作为专业术语，竞争力的概念在学术研究领域最早是在国际竞争力一词中被定义，开始倡导并率先进行国际竞争力研究的机构是世界经济论坛（WEF）和瑞士的洛桑国际管理开发学院（IMD），这些机构从 1950 年开始，就在每年 9 月 1 日在瑞士洛桑发布各国国际竞争力的评价研究结果，从 1995 年开始 WEF 和 IMD 分别使用各自设定的评价指标体系发布国际竞争力报告。在一定程度上，竞争力是属于博弈论有关的概念，评价一个经济系统的竞争力时，是通过评价其与其他经济系统竞分资源的能力来开展的。一直以来，对于竞争力的定义，有多种观点：从国际贸易的角度来看，竞争力可以看作是贸易中的比较优势、出口份额以及增长程度；从国家层面而言，竞争力可以看作增加居民收入和提高人民生活水平的能力；从过程层面来看，竞争力可以看作是一种创新能力；从产业效率角度来看，可以将竞争力看作是一种生产率或生产力；从生产要素的层面而言，竞争力表示的是对生产要素的吸引能力；从综合角度出发，竞争力则表示了一种综合的能力。

根据依附的主体，可以将国际竞争力划分为产品的国际竞争力、企业的国际竞争力、产业的国际竞争力以及国家的国际竞争力等。长期以来，国际竞争力的定义一直处在不断地演变过程中，尽管不同定义之间存在差异，但较为公认的定义是，国际竞争力是指国家或地区的某些特定产业通过在国际市场中的产品贸易所表现出的生产能力，不同国家或地区的相同产业或企业通过比较而表现出的生产力的差异。在国际竞争力的分类中，企业或产业的国际竞争力是以其产品为载体，以有效降低产品的生产成本、大力提升产品的质量、产品的技术水平、产品的功能性以及提升产品的生产效率等方式来取得更高的国际竞争力的。一方面，国际竞争力较强的企业通过其在市场上的产品竞争力和产业竞争力来取得优势，通过群体的组合来形成更具国际竞争力的企业；另一方面，生产效率较高的产业群体利用其自身优势不断促进国家或地区的生产力提升，进而促进其形成一定的国际竞争力优势。与之相对应地，国家或地区的竞争力优势又可以为企业的发展提供良好的产业环境，进而提升企业的国际竞争力。近年来，随着我国社会经济的快速发展，在经济全球化背景下，我国的国际竞争力特别是一些特定产业的竞争力正在发生着重大变化，其中最为明显的是农业产业的国际竞争力。关于农业的国际竞争力问题正在逐渐引起国内外学者的广泛关注，而其中关注的焦点问题就是中国农产品的国际竞争力问题。《中国国际竞争力发展报告》分析认为，一个国家或地区的农业国际竞争力，是代表该国家或地区的农业的综合生产能力。从狭义而言，一个国家或地区的农业国际竞争力包括农产品的生产能力和农业的生产率水平；从广义而言，农业的国际竞争力除包括上述内容外，还包括有一个国家或地区的农业基础结构、农业的人口素质、农业行业的科学技术水平、农业发展的资金环境以及农业产业的管理体制等。

在国际竞争力等方面，王兆洋（2007）将农产品国际竞争力定义为在开放的市场条件下，一个国家或地区，或者一个农产品生产经营者生产的农产品参与国际市场竞争并能够持续获取利润的能力。根据上述定义，本书认为，中国大豆产业国际竞争力，指的是我国大豆产业的生产、贸易以及消费的综合能力。从狭义角度而言，中国大豆产业的国际竞争力指的是大豆产业的系统生产能力以及生产率水平；从广义上看，除上述内容外，它还包括大豆产业发展的过程中，能给产业提供动力的诸多方面，其中包括农业产业的基础设施水平、农业产业的科学技术水平、农业从业人员的综合素质以及促进产业良好发展的金融支持、体系管理政策措施等。

五 产业安全

学术界对于产业安全的认知并未形成统一认识，但是，现有的观点可以大致分为以下四类：第一类是产业控制力说，该观点的核心强调本国资本对本国产业的控制力，如果一国的某一产业由外来资本控股，那么将构成产业安全问题，如果国有资本对于本国某一产业享有绝对的控制权，那么该国的这一产业将是安全的。第二类是产业竞争力说，该观点认为，产业安全是国家对国内重要产业的控制力和该产业能够与外来同类企业进行竞争的能力。第三类是产业发展说，该观点认为，产业安全的内涵是指一国的某一产业是否具有发展力,是否使国内经济保持活力,是否能让大多数产业共同实现可持续发展。第四类是产业权益说,该观点认为,外国企业进入一国国内后,都是对东道国国民权益在机会成本意义上的侵占,因此保证国民产业权益总量占国内总权益量的比例维持在一定范围内是产业安全的内涵所在。

上述各种观点虽然角度有所不同,但是,对产业安全的认识仍有一些共同点。如都认为产业安全是在利用外资的过程中产生的,都承认民族资本与国外资本存在差别,产业安全的标志是民族企业对本国产业的控制等。

本书根据产业安全理论对于产业安全的定义,指出我国大豆产业正在面临严重的产业安全问题,具体表现为四大粮商控制着我国大豆的全产业链,并通过建立安全评价体系对我国大豆产业进行安全评估,结果表明,我国大豆产业的生存与发展正受到进口大豆的严重威胁,大豆产业安全问题亟待解决,并且该理论对于我国大豆产业安全问题的研究具有指导意义。

第四节　研究内容

本书从对我国大豆供给的现状出发,全面分析我国大豆产业发展的现状和供需的特点。结合全球大豆市场格局的演进,分析我国大豆产业在国际市场中的竞争力下降的背景。在提出供给困境概念的基础上,本书从大豆供给困境的表现形式、外部效应和诱致因素三个维度,开展了对我国大豆供给困境的全面分析。在此基础上,给出了解决我国大豆供给困境的政策取向和对策建议。本书主要包括六个方面内容:

第一,对中国大豆产业发展现状及供需平衡状况进行了分析。从生产、加工、贸易等层面对我国大豆产业的发展现状进行了阐述与分析,从消费需求变化、分类的需求量变化和需求构成角度对我国大豆产业的市场需求进行了深入分析，从供需结构、供需平衡现状和供需平衡的发展趋势对我国大豆产业的供需情况进行了深入探讨。

第二，对全球大豆产业市场格局演进进行了分析。首先对全球大豆产业生产、贸易格局的演变过程进行了深入分析与探讨，从生产消费、产业政策和贸易政策等角度对全球大豆产业市场格局的演进逻辑进行了分析，对影响全球大豆市场格局的原因进行了探讨。在此基础上，结合上述分析结果，同时借鉴国外先进经验，阐述了如何提高我国大豆产量、如何改善大豆进出口环境等问题，以此为我国大豆产业的发展提供参考。

第三，对中国大豆生产困境展开了深入分析。在给出中国大豆供给困境的最终表现形式后，本章从要素投入角度、生产效率角度和竞争力角度三个维度展开了对大豆供给困境的分析。首先，对影响我国大豆产业生产效率与国际竞争力的土地资源、资本资金、从业人员和科学技术等生产要素进行了深入分析。其次，选择大豆产业投入产出指标、全要素生产指数指标和规模变化指标等指标数据，利用 DEA 中的 VRS 模型对大豆生产效率进行评价和评估，使用 Tobit 多元线性回归模型和样本选择模型对我国大豆产业的诸多影响因素进行回归分析，根据分析结果，对我国大豆产业的生产效率进行深入分析，揭示导致我国大豆生产效率较低的深层次原因，并对我国大豆产业的未来发展趋势进行预测，同时提出相应的对策和建议。最后，通过构建大豆国际竞争力指标，得出了中国大豆参与国际市场的竞争力状况。

第四，对中国大豆生产的效应展开了分析。从资源效应、生态效应、安全效应及结构效应等角度对我国大豆供给困境造成的影响进行了深入分析。在国际市场农产品供给充足、我国外汇储备实力雄厚、人民币成为世界第五大货币等有利因素下，我国实施大豆资源进口既可以实现较大的经济效益，同时还带来一定的社会效益，化肥、农药的进口可以对我国产生一定的生态效益。利用大豆产业安全评价指标，对我国大豆产业的国内环境和对外依存度进行了分析。在供给结构调整变化的背景下，指出我国大豆生产结构调整的被动性。

第五，对中国大豆生产困境的成因进行了分析。从技术因素、市场因素和政策因素三个角度，研究了中国大豆生产困境的影响因素。本书从产业成本高但机械化水平较低、大豆产量和质量均偏低、大豆转基因技术较为落后等技术因素、我国大豆的比较收益要弱于其他竞争力作物、我国大豆产业政策的不足以及国外特别是大豆主产国对我国的影响等方面对造成我国大豆生产萎缩的原因做了深入分析。

第六，通过以上研究得出研究结论，并给出了中国大豆走出生产困境的出路与政策建议。分别从宏观战略和具体政策措施两个层面展开了对策研究，从产业发展定位、进口路径、生产路径、贸易政策等方面对我国大豆产业的发展出路进行分析，同时对未来我国大豆生产提出政策建议。

第五节　理论基础

一　比较优势理论

比较优势理论是由英国经济学家亚当·斯密（Adam Smith）提出的，在其国际贸易著作中对其进行了详细描述。从利益获取的角度来看，比较优势理论还可以进行进一步的讨论。有研究认为，国家或地区之间进行商品交换时，其前提条件是互相之间存在制造水平上的差异，同时受到生产过程中资源消耗水平的影响，对于贸易参与者而言，就会对其所获取的利益大小进行权衡与比较，通过选择优良的产品，将相关资源投入到自身竞争力水平较高的产品生产中，同时从贸易伙伴那里引入自身竞争力水平较弱的产品。对于比较优势，可以将其表述为：在两国之间，劳动生产率的差距并不是在任何产品上都是相等的。每个国家都应集中生产并出口具有比较优势的产品，进口具有比较劣势的产品（即"两利相权取其重，两害相衡取其轻"），双方均可节省劳动力，获得因专业化分工而提高劳动生产率的好处。

英国经济学家大卫·李嘉图（David Ricardo）在亚当·斯密的基础上，对比较优势理论学说做了进一步的研究。在其代表作《政治经济学及赋税原理》中提出了比较成本贸易理论（后人称为"比较优势贸易理论"）。比较优势理论认为，国际贸易的基础是生产技术的相对差别（而非绝对差别），以及由此产生的相对成本的差别。每个国家都应根据"两利相权取其重，两害相权取其轻"的原则，集中生产并出口其具有"比较优势"的产品，进口其具有"比较劣势"的产品。比较优势贸易理论在更普遍的基础上解释了贸易产生的基础和贸易利得，大大发展了绝对优势贸易理论。

李嘉图继承了亚当·斯密的经济自由主义思想，认为"在充分自由贸易的制度下，每个国家自然会将其资本和劳动投入那些对它来说最为有利可图的行业。而且对个人利益的追求也可以同全社会共同利益较好地结合。通过推动工业的发展，通过对能工巧匠的报偿，通过最有效地利用大自然赐予我们的特有权利，这样的制度就可以最有效同时又最经济地分配劳动。这样一来，由于产量的普遍提高，它还必定会将利益扩散开来，通过共同的利益和相互交换，把个人同社会，各个国家同整个文明世界联系在一起"。由此可见，李嘉图不仅对斯密论及的那只神奇的"看不见的手"推崇备至，而且还将它伸向了整个世界。

比较优势理论近年来的发展主要是基于对外生比较优势这一主流理论的完善和挑战。在近年来关于比较优势的诸多研究中，一个比较突出的现象是，以克鲁格曼、赫尔普曼和格罗斯曼（Helpman and Krugman, 1985; Grossman and Helpman, 1989, 1990）为代表，在引入规模经济、产品差异等概念体系批评传统比较优势理论的基础上形成了所谓的新主流，而其他学者又在批评这一新主流的基础上，从专业化、技术差异、制度、博弈以及演化等不同的角度对比较优势理论进行了拓展。

赫尔普曼和克鲁格曼（1985）引入规模经济来分析比较优势。他们发展了一个垄断竞争模型，该模型基于自由进入和平均成本定价，将产品多样性的数目视为由规模报酬和市场规模相互作用而内生决定的。在自给自足情况下，一个国家的产品多样性数目很小，而贸易丰富了消费者的选择。同时如果贸易增加了消费者的需求弹性，那么单个厂商的规模效率也能改进。这样，单个厂商通过规模经济作用确立了在国际市场中的优势。实际上，克鲁格曼（1980）更早些时候就提出国内市场规模会影响一国在国际上的比较优势。他论述了在几种背景下具有大的该国市场的厂商更能有效地利用规模经济从而在国际上更有竞争力。许多实证研究也表明出口商通常比内销的厂商规模更大，厂商和产业的规模与出口量之间具有正相关关系。

二 要素禀赋理论

要素禀赋理论是瑞典经济学家贝蒂尔·俄林（B. Ohlin，1899—1982）提出，由于在理论上继承了尹莱·赫克歇尔的基本观点，因此要素禀赋理论又称赫克歇尔—俄林定理。

要素禀赋理论也是建立在一系列假设条件上的，假设条件包括：

第一，贸易参与国只有两个国家，只生产两种产品；

第二，两种生产要素：劳动和土地；

第三，生产要素不能在国家间流动，但是，可以在国内自由流动，且流动的机会成本不变；

第四，两国的生产技术是相同的；

第五，两国的要素禀赋存在一定的差异。

基于以上假设条件，要素禀赋理论认为，两国要素禀赋的差异及两种产品在生产过程中使用要素的比例不同导致了两国之间生产要素的相对价格差和生产同种产品的相对成本产生差异，这种比较成本差异是国际贸易产生的原因，生产要素的相对丰裕程度决定了国际贸易的流向。由于不同的产品需要不同比例的生产要素，而不同的国家拥有要素的丰裕程度不同，各国生产相对密集地使用本国比较丰裕的生产要素的产品，就形成了比较优势。因此，一国应该生产和出口使用较大比例的相对于另一国更便宜的生产要素的产品，而进口使用较大比例的相对于本国而言比较昂贵的生产要素的产品，通过国际贸易交换，两国都会获得比较利益。一般而言，劳动力丰裕的国家，劳动力的价格水平较低，生产劳动密集型产品的成本相对低；而资本丰裕的国家，资本的价格水平较低，生产资本密集型产品的成本相对低一些。

本书运用要素禀赋理论恰如其分地解释了中国大量进口大豆的原因，具体原因表现为土地资源不充裕、技术要素处于劣势等，指出我国应当进口一定数量的大豆的合理性，并得出处于比较劣势的大豆要提高其国际竞争力就要提高大豆生产要素生产率的结论。这不仅缓解了我国土地资源禀赋不充裕与土地使用量过大之间的矛盾，也在一定程度上缓解了我国大豆产业安全问题。

三　贸易保护理论

与比较优势理论不同，贸易保护理论强调了市场功能的相对性和阶段性特征。德国经济学家李斯特于1841年出版了其具有重要影响的著作《政治经济学的国民体系》，提出了贸易保护理论的主要观点，从保护幼稚工业的角度出发，对古典贸易理论提出了批评。

李斯特强调，自由贸易对参与国的好处是有条件的，不同发展阶段的国家在参与国际分工与贸易时，所获得的长远利益并不对等。他强调"比较优势理论"虽然论证了参与国际分工的交换价值，但却忽略了国家在国际贸易中的长远利益。在不具有优势的生产能力之前，参与国际分工将不利于形成国际竞争力，对德国而言，这种状况将对其实现政治经济的独立造成障碍而非促进。

　　李斯特批评古典自由贸易理论忽略一国的历史发展阶段和经济结构特征，而对于后发国家来说，在制定贸易政策时不应忽略这些特点，而应遵从当前的经济发展阶段，充分考虑贸易政策对经济发展的影响，充分考虑各国的经济条件和经济发展水平。该理论还强调政府在保护本国贸易利益和经济发展中的作用，主张国家对经济活动的干预，限制部分经济活动，从而达到保护个人长久利益和实现国家发展的长期目标。

　　在对一国产业的保护上，应选择对那些遭遇到外国强有力冲击的工业部门进行保护，以促进其快速发展，形成竞争力。对于一些虽然处于幼稚阶段，但还没有遇到国外威胁的产业，应尊重市场原则，不能加以保护。在李斯特的理论里，农业也属于不需要被保护的产业。对于幼稚产业的保护并非无限期的，而是在一定的时限之内，如30年，如果在此保护期限里，被保护的产业没有形成与国外抗衡的竞争力，就应当停止保护该产业。具体的保护手段是通过经济和政府干预两种方式，如禁止进口或征收高额关税等方式，但对于能够促进本国产业发展的进口应予以鼓励。

　　贸易保护理论并非对古典理论的完全否定，只是更加强调对于一个国民经济而言，有选择的保护是以最终参与市场经济为目的的，因而保护并非无条件的。作为促进本国产业发展的阶段性措施，关税的使用应当做多方面的限制，具体而言：对关系国计民生工业部门，应重点保护；对一般工业部门，可以根据具体情况，规定不同的税率进行保护；而对于高档消费品生产行业，只能给予最低程度的保护，而一切复杂机器的进口应予免税，即便征收，税率也应很低。除不同产业的关税水平差异外，对于保护的期限也要根据产业的实际情况进行调整。如被保护的产业部门已经具备同外国同行竞争的实力，甚至其产品的价格低于进口同类产品的价格，就应当取消保护；如果某一产业经过几十年的保护仍然无法形成同国外的竞争力，就应当放弃保护；对于没有国外强大竞争对手的产业，即使仍处于比较薄弱的发展阶段，也无须保护。另外，对本国弱势产业的保护也应随着时间的推移而不断变化，在本国经济发展的高级阶段，如果仍然实行较高的关税保护，就会破坏本国企业参与市场竞争的能力，降低其使用资源的效率，对这些产业无法形成有效的激励。

贸易保护理论虽然产生于一百多年前，但时至今日仍然具有理论和实践价值。在贸易自由化高度推进的当今世界，贸易保护虽然不是主流的意识形态，但仍然在全球各地被广泛地应用，其背后的逻辑多与李斯特的贸易保护理论有关。在农产品领域，我国的农业处于国际市场中的弱势，如果任由市场竞争发展，势必对我国的粮食安全构成严重威胁。因此，贸易保护理论对实现我国农业产业安全和健康发展具有一定的指导意义。我国当前的大豆供给困境也与该产业的幼稚性及缺乏有效保护相关，如何利用好价格和非价格手段对弱势产业提供保护对破解大豆供给困境具有重要的理论意义和现实价值。

四 国家竞争优势理论

波特菱形理论又称波特钻石模型、钻石理论及国家竞争优势理论，由美国哈佛商学院战略管理学家迈克尔·波特于 1990 年提出的，该理论主要用于分析国家怎样形成整体优势，从而在国际竞争中具有优势。

迈克尔·波特认为，生产要素、需求要素、辅助产业、企业战略结构与竞争对手、政府、机遇决定了产业的国际竞争力。迈克尔·波特的国家钻石模型把产业竞争优势作为分析对象，深入分析了国际竞争优势的来源，并对国际竞争优势来源做出了一个较全面的分析，对国际竞争力研究做出了重大贡献，为分析国际竞争力提供了一个有效的分析模式。但是，钻石模型并不对所有国家的不同发展阶段都有效，因此不能僵化地套用。

本书通过采用了钻石模型中生产要素、相关以及辅助产业、政府三种要素作为中国大豆产业竞争力的影响因素，具体分析出中国大豆产业国际竞争力逐渐下降的原因，如生产要素水平较低，具体表现为自然禀赋不充裕、投资不足、劳动力素质低下。相关以及辅助产业发展不足，具体表现在两个方面：一方面科技水平低下，不能为大豆种植提供相关技术；另一方面机械化水平低，因而耕作效率低下。政府扶持力度较低，具体表现为对于大豆市场的价格管制不够，造成国产大豆收益低下。最后提出相应的可行性政策建议以提高中国大豆产业的国际竞争力。

五　产业可持续发展理论

联合国世界与环境发展委员会于1987年发表了一份报告《我们共同的未来》，正式提出可持续发展概念，全面阐述了环境与发展问题，受到世界各国政府组织和舆论的重视，可持续发展要领在1992年联合国环境与发展大会上得到了与会人员的认可。

可持续发展是指经济可持续、生态可持续和社会可持续三方面的统一，该理论认为，在满足当代人类需求的同时，不以减少后人满足其需求的能力为代价，虽然可持续发展理论起源于日益恶化的自然环境，但是，作为一个在21世纪指导人类发展的理论，它超越了单纯的环境保护，它将环境保护问题与经济发展问题有机地结合起来，是一个有关社会经济发展的全面性战略。

可持续发展思想具体运用到产业发展中即形成产业可持续发展理论，是指产业发展要与资源和环境相协调，不能超过其承载能力。本书借助此理论，研究得出中国大豆适度进口的基本策略，既保证了我国产业的可持续发展，也使现有耕地更多地用于效益更高的产业，避免过度开垦土地，从而保护了我国土地资源环境，并提出了提高我国大豆国际竞争力的建议，从而实现我国大豆产业的可持续发展。

六　农业供给侧结构性改革理论

农业供给侧结构性改革是我国供给侧结构性改革的重要组成部

分，是新时期农业领域的改革方向。农业供给侧结构性改革是在2015年中央农村工作会议上被首次提出，强调在我国供给侧结构性改革的大背景下，通过改革提高农业供给的效率和供给质量，解决我国农产品供求市场中存在的关键矛盾，使农产品供给达到数量充足、质量满意，形成供给结构合理、供给能力有保障的农产品供给体系。

迄今为止，农业供给侧结构性改革尚未形成完备的理论体系，但理论与实务界对农业供给侧结构性改革的发展方向已经有基本的共识。从改革的主要目标来看，农业领域的供给侧结构性改革主要解决供给主体、供给总量和供给结构三个方面的问题，同时又与新型城镇化、工业化改革互相关联，形成完整的改革战略体系。对于我国农业领域而言，大而不强的问题由来已久，结构性矛盾也不断深化，因而农业供给侧结构性改革也是一个较长期的动态过程。

本轮农业供给侧结构性改革是市场化背景下的改革，其主旨是围绕市场需求对农产品组织生产，在解决当前农业供给领域存在问题的同时，着眼未来市场需求变化和粮食安全形势，促进供给与需求的动态适应。从目前学术界和实务界对改革的认识来看，基本共识包括以下原则：

第一，市场化原则。以市场化改革为导向，推动农业供给能力和供给结构的变化，以市场需求为导向，建立适合新时期农产品需求的农业生产经营体系，形成供给数量充足、供给质量有保障、结构合理以及保障有力的农产品供给体系。

第二，效率原则。以提高农产品供给效率为重点，实现农业各类要素的优化配置，提高农业生产效率和市场配置效率，减少低效生产和销售，形成效率提升与资源配置不断优化的良性循环，增强农产品供给的灵活性和适应性。

第三，利益保护原则。在推进农业供给侧结构性改革的过程中，应当协调好推进市场化配置资源与保护农民切身利益之间的关系，充分重视农业的弱质性和农民的弱势地位，引导农民按照市场规则进行生产，区分不同情况，综合使用各种政策措施，提高农民参与市场的能力。

第四，内外兼顾原则。协调好融入国际市场与保护弱势产业之间的关系，统筹协调农产品内外需关系，确立农业进出口贸易与农业产业发展之间的合理关系，形成与之相适应的政策体系，充分利用外需和进口推动国内农业的发展，以市场化手段提高绩效。

第五，因地制宜原则。尊重不同地区、不同群体的差异性，在国家层面政策环境统一的大背景下，允许各地区按照当地实际情况，发挥其比较优势和要素禀赋优势，以更有利于农业可持续发展的方式因地制宜以及制定供给侧结构性改革的相关政策。

作为农业生产的重要组成部分，大豆生产困境的破解是农业供给侧结构性改革的重要一环。农业供给侧结构性改革思路的不断清晰将为大豆供给困境的破解提供重要的理论支撑，而大豆供给困境的解决也将为农业供给侧结构性改革理论的丰富提供现实支撑。

第六节　研究方法与技术路线

一　研究方法

从方法论的角度，本书力图将研究标的的理论性与研究成果的现实指向性相结合，综合使用归纳与演绎相结合的方法论体系。方法论的结合具体体现在三个方面：

（一）理论与实证相结合

本书在大豆产业、生产率与生产效率、国际竞争力及产业安全等相关概念基础上，综合运用了要素禀赋理论、比较优势理论、垄断优势理论、波特钻石模型理论、新贸易理论以及产业可持续发展理论等多种理论，对我国大豆产业的困境进行了深入探讨和分析。

同时，在理论基础上，通过构建大豆产业发展过程中的生产效率、国际竞争力分析、供给变化效应分析的相关模型与方法，通过理论与实证方法的结合开展深入分析，并在实证研究的基础上提出相关政策建议。

（二）定性与定量相结合

开展我国大豆产业生产效率分析、国际竞争力分析以及供给变化效应分析时，为了使研究方法更加具有科学性和严谨性，增加相关研究结论的可信度，本书主要采用了定量分析方法，通过计量模型得到相关分析结果。与此同时，由于我国大豆产业的各个主体较为复杂，考虑到大豆产业发展过程中与生产、加工及贸易等相关的政策措施在制定、实施时存在一定的主观性，因此，在依靠与大豆产业发展相关的指标评价体系进行分析时，单纯依靠定量分析方法是无法解决所有问题的，开展研究时就需要将定性分析方法与定量分析方法相结合，进而得到较为合理的研究结果。

（三）统计描述与比较分析相结合

本书充分利用统计资料对我国大豆产业的发展现状、市场需求情况、供需平衡情况、市场格局情况进行描述与总结，对供给变化的效应进行统计分析。在统计分析时，通过对我国大豆产业的生产、消费、加工、贸易以及生产效率、国际竞争力、供给变化情况按照时间序列进行了纵向的比较与分析，进而深入挖掘大豆产业各个环节的演变特征与规律，对未来的发展趋势做出进一步的判断；同时，对大豆产业发展过程中各个环节存在的共性特征进行横向比较，进而揭示我国大豆产业发展的个性特点，探寻阻碍我国大豆产业发展的因素。

二　技术路线

本书研究的技术路线如图 1 – 3 所示。

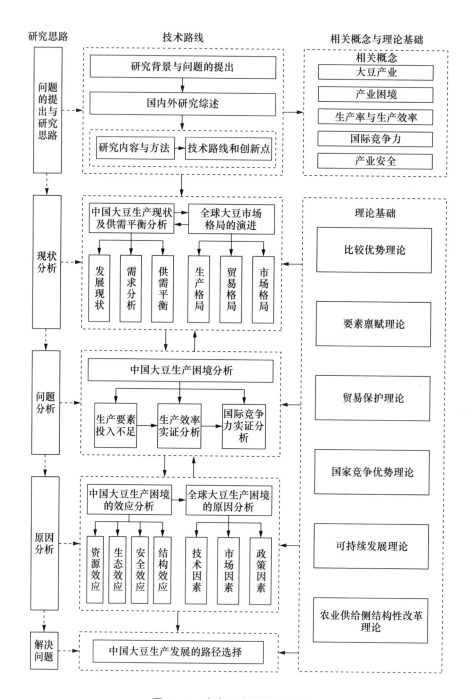

图 1－3　本书研究的技术路线

第二章　中国大豆生产现状及供需平衡分析

　　大豆是中国传统的优势作物，但是，随着农产品市场的国际化进程不断深入，国外大豆不断涌入中国，从生产、加工到消费等各个环节对我国的大豆产业造成巨大的威胁。中国大豆的生产逐渐陷入困境，大豆供需平衡很大程度上依靠进口来维持。本章通过对中国大豆产业发展历程的系统性描述，厘清了中国大豆的生产现状与供需平衡关系。

第一节　中国大豆产业发展现状

一　中国大豆产业的生产现状

（一）中国大豆产业的生产特征

　　随着中国农产品逐渐融入国际市场，中国大豆的种植面积不断缩减，大豆生产在粮食生产中的地位正在逐渐下降。近年来，大豆播种面积有微量增长，尤其2016年与2015年相比表现较为突出，但大豆产业的单产量仍然处在较低水平。自农业供给侧结构性改革战略实施以来，2016年大豆产量与2015年相比增加了115万吨，即便如此，我国的大豆产量仍明显低于加入世界贸易组织之前的年均产量水平。目前，我国大豆产业的单产水平较低，增长速度缓慢，且明显低于玉米、小麦、水稻的单位产量。我国大豆产业的生产特征体现在种植面积、总产量、单产量和耕地资源等方面。

1. 种植面积

种植面积是反映大豆生产状况的重要指标之一,新中国成立以来我国大豆种植面积一直呈动态波动的趋势,加入世界贸易组织之前基本处于波动向上的态势,而 2003 年之后呈现出波动向下的态势,尤其是 2010 年以后大豆种植面积的减少速度明显加快。2016年农业供给侧结构性改革战略实施以来,国家取消了玉米临时收储政策,鼓励农户改种大豆并进一步强化落实了大豆的目标价格补贴政策。这一政策的出台使国内玉米种植面积有所减少、大豆种植面积有所增加(见图 2 - 1)。

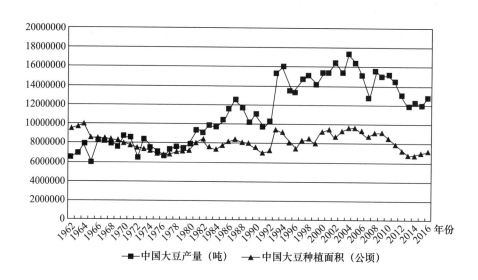

图 2 - 1　中国大豆种植面积、产量变化情况 (1962—2016)

资料来源:根据联合国粮农组织数据库数据及相关资料整理得出。

中国大豆种植面积的变化大体可以分为三个阶段,即 1962—1978 年种植面积缓慢递减阶段、1979—2002 年种植面积上下波动阶段和 2003 年至今大豆种植面积总体下降阶段。1962—1978 年,大豆种植面积不断减少,由 1000 万公顷下降到 650 万公顷。这一时期国家粮食供给十分紧张,中国生产力水平较低,单位产量较为低下，且大豆生产成本较高，因此造成大豆的种植面积不断减少，玉米、甘薯等粮食作物的种植面积有所增加；1979—2002 年，中国大豆种植面积处于不断波动的状态。1980 年，中国大豆种植面积相比 1964 年种植面积减少 281 万公顷，这一时期国内大豆种植受进口激增及国内油脂企业影响，种植面积不断减少，且到 2002 年的这段时间内大豆种植面积波动幅度一直较大，因为受生产效率、产量、成本等因素影响，农民种植大豆的积极性不高；2003—2014 年，大豆种植面积总体呈下降趋势，2014 年大豆种植面积为 680.1 万公顷，相比 2011 年降低了 21.5%，而 2015 年种植面积为 659 万公顷，因为受国家宏观调控政策影响，2016 年大豆种植面积扩大到 715.6 万公顷，比 2015 年增加了 56.6 万公顷，至此，中国大豆生产迎来了新的机遇（见图 2 - 1）。

2. 总产量

中国大豆产量总体呈下降趋势，虽然近两年来产量有所增加，但明显低于改革开放至中国加入世界贸易组织期间的产量水平。从图 2 - 1 中可以看出，改革开放以前，中国大豆产量处于平稳状态，且产量较低。改革开放以后，随着科学技术的进步，大豆的产量也发生了明显变化，大豆产量的增长速度高于大豆种植面积的增长速度。2008 年以后，受进口影响，大豆种植面积大幅减少，因此，大豆产量也随之减少。受国家政策影响，由于玉米临时收储政策取消，大豆种植面积有所增加，因此，2015—2016 年中国大豆产量呈现了增长的趋势。

3. 单产量

影响大豆单产的主要因素是高科技含量豆种的选择，其次受水分、土壤和气候的影响也比较显著。与美国、巴西、阿根廷等大豆单产高的国家相比，中国仍生产传统的非转基因大豆，单产及防病虫害能力较低，受国外低成本大豆的冲击，国内大豆种植者的积极性在一定程度上受到影响。在我国，大豆单产相对比较稳定，且处于较低水平。如图 2 - 2 所示，大豆单位产量一直处于较低水平上，与玉米、水稻、小麦的单位产量相差悬殊。1990—2016 年，小麦的年单产增幅最大，单产年增幅达到 3% 以上，玉米和水稻的增幅紧跟其后，年单产增幅均保持在 1.6—2.3 个百分点。

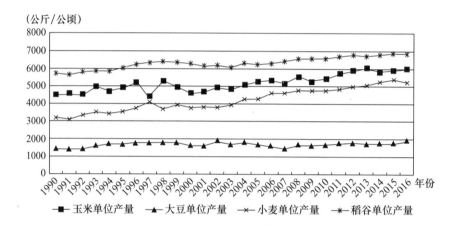

图 2 – 2　中国大豆、水稻、小麦、玉米单位产量变化情况 （1990—2016）

资料来源：联合国粮农组织数据库。

4. 耕地资源

大豆种植面积的减少直接影响大豆产量，而大豆种植面积又受制于国内耕地资源。由于非农占地面积的增加，中国耕地数量不断减少，而大豆种植面积减少更为显著（见图 2 – 3）。2003 年国家实施退耕还林政策以来，我国森林占地和人工林占地面积不断增加，在耕地资源有限的条件下，农艺技术（如轮作、间作、套作）、经济作物和产业政策影响了耕地在大豆与其他作物之间的分配。据联合国粮食及农业组织的统计，其他各类农作物种植面积都有明显的增加，而国家农业用地和随着环境变化适合耕种的土地数量不断减少，因此，在其他作物种植面积增加而适合耕种的土地减少的情况下，大豆种植面积在逐年减少。

（二）中国大豆产业生产区的空间布局

根据分布区域和耕作制度的不同，可将我国的大豆生产区划分为以下四个区域：以春大豆为主的东北产区，以夏大豆为主的黄淮海流域产区，以春、夏大豆为主的长江流域产区，以及以秋大豆为主的南方各省。其中，东北地区主要包括黑龙江省、吉林省、辽宁省和内蒙古自治区。黄淮海地区主要包括山东省、河南省、河北省、江苏省和安徽省。长江流域主要包括云南省、四川省、贵州省、湖北省。南方地区主要包括浙江省、江西省、广东省和广西省。各生产区的大豆种植面积占比情况如图 2 - 4 所示。

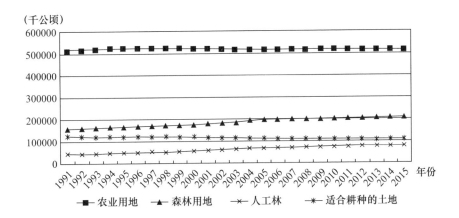

图 2 - 3　中国农业用地、森林用地、人工林及适合
耕种的土地面积（1991—2015）

资料来源：联合国粮农组织数据库。

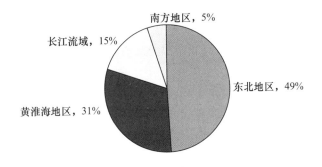

图 2 - 4　中国大豆四大主产区种植面积占比

资料来源：慧聪食品工业网。

　　大豆是喜温而又较耐冷凉的作物，热量对大豆的分布有很大影响。低温能使大豆开花、成熟期延迟，如果温度降至 14℃ 以下，大豆即停止生长。适合种植大豆的积温条件是 ≥15℃，积温高于 1000℃ 和持续日数 60 天以上，且无霜期不少于 100 天。除生育期过短或温度水平过低的高寒山区和高纬度地区外，其他地区均可种植大豆。

　　东北产区，该地区无霜期 110—170 天，有效活动积温（≥10℃）为 2000—4000℃，年平均气温略低于 10℃，年降水量为 350—1200 毫米，年日照时数为 2300—3100 小时。一年一熟，4 月下旬至 5 月中旬播种，9 月成熟，全生育期为 95—140 天。大豆品种对长日照反应不敏感，感温性强，以无限结荚习性为主，品质优良，含油量高，种皮黄色，光泽美观。东北产区的气候条件十分适宜大豆生产，因此，东北产区为中国大豆第一大生产区。如图 2 - 4 所示，在"十二五"期间，东北地区大豆种植面积约占全国大豆种植面积的 50%，占比最大，黄淮海地区约占 30%，长江流域约占 15%，南方地区约占 5%。

　　中国各省份大豆产量分布情况是，西藏、青海、宁夏地区大豆产量不足 10 万吨；新疆、甘肃、贵州、广西、广东、福建、江西、浙江等地区的大豆产量为 10 万—20 万吨；云南、湖南、湖北、陕西、山西、北京、河北、天津、辽宁等地区的大豆产量为 20 万—50 万吨；内蒙古、吉林、河南、安徽、江苏、四川等地区的大豆产量为 50 万—200 万吨。而只有我国黑龙江省的大豆产量超过 200 万吨。

　　自 20 世纪 80 年代以来，黑龙江、河南、吉林、山东、内蒙古、辽宁、安徽、河北、湖北、江苏、四川、湖南和陕西 13 个省份都曾跻身于全国大豆总产量前 10 名的行列，上述地区都具备种植大豆的气候条件，各地利用气候优势增加大豆种植面积，并提高国产大豆生产的竞争优势。黑龙江作为全国大豆主产区，大豆播种面积约占全国大豆播种面积的 40%，总产量也一直稳居全国首位，而内蒙古自治区大豆年产量排名不断前进，如今已跃居第二位。2010—2014

年，大豆产量排在前6位的省份有黑龙江、内蒙古、安徽、河南、吉林和江苏省，如表2-1所示。

表2-1　　　　　　　　　大豆分时段年均产量一览　　　　　　　单位：万吨

排名	1980—1989 年		1990—1999 年		2000—2009 年		2010—2014 年	
	省份	年均产量	省份	年均产量	省份	年均产量	省份	年均产量
1	黑龙江	296.8	黑龙江	429.8	黑龙江	561.6	黑龙江	563
2	河南	98.4	山东	107.3	吉林	111.8	内蒙古	152.2
3	吉林	81.7	河南	94.9	安徽	111.4	安徽	113.7
4	山东	81.1	吉林	79.7	内蒙古	101.8	河南	87.2
5	安徽	74.3	内蒙古	72.6	河南	86.7	吉林	82.7
6	江苏	54.4	安徽	70.1	山东	64	江苏	58.7
7	辽宁	54.3	河北	68.7	江苏	59.8	四川	50.6
8	河北	35.9	江苏	47.5	辽宁	45.9	山东	39.6
9	内蒙古	29.6	辽宁	41.7	四川	45.4	陕西	38.7
10	四川	29.5	湖南	34.1	河北	44.4	辽宁	34.1
合计		836		1046.4		1232.8		1220.5
占比(全国)(%)		82		78.60		78.30		82.50

资料来源：《中国农业年鉴》(1981—2015)。

二　中国大豆产业的加工现状

我国是全球重要的大豆主产国和最大的大豆消费国。随着对大豆需求的逐年增加，国内大豆加工企业数量也逐年增长。受大豆大量进口的长期影响，我国大豆产业的对外依存度逐年上升，使国内大豆产业的发展、大豆的定价权受到跨国资本的严重冲击，我国大豆产业的发展面临诸多挑战。我国大豆对外依存度逐年提高，国内大豆加工品价格受国际市场影响较大，国际大豆价格对我国大豆加工企业的经营成本造成巨大的上升压力，而国际大豆市场价格波动剧烈，导致我国大豆加工企业面临巨大的价格风险，外资逐步占领了中国大豆的压榨市场。

（一）中国大豆产业的加工结构

加工是大豆产业链中的关键环节，也是增加大豆附加值的重要方式，大豆的加工环节主要包括大豆压榨、大豆蛋白加工与大豆副产品加工等几个方面，大豆加工使大豆的用途趋于多元化。

1. 大豆压榨

大豆压榨是大豆加工的主要部分，豆粕及豆油是大豆压榨加工的重要产品。豆油是人们生活中的重要必需品，主要通过大豆压榨后供人们食用。国内豆油需求结构稳定，其中90%为食用需求、10%为工业需求。预计2017年国内豆油需求将达到1490万吨，由于国内豆油消费的稳定增长及其替代品菜籽食用油的逐渐减产，豆油的需求将持续增加。

在通过压榨获得食用豆油的同时，还可以生产出豆粕，其用途广泛。如图2-5所示，豆粕用于饲养家禽占41%、肉猪占24%、肉牛占23%、奶牛占5%，而食品加工、宠物及其他占7%，其中牲畜饲养占94%。由此可见，豆粕主要用于牲畜饲养，并且其不仅可以直接用作牲畜饲料，也可以加工成混合饲料。

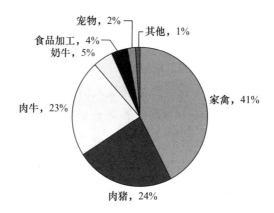

图2-5　豆粕消费用途及所占比例

资料来源：中国产业网。

　　我国豆粕的生产量逐年增加，但增长率呈上下波动的态势，其供给基本能满足消费需求，如图 2 - 6 所示，1993 年以来，国内豆粕供给量始终大于消费量。1996 年以前，国内豆粕产量与需求量均在 1000 万吨以内，这一时期以后豆粕的生产与需求呈现快速增长的趋势。2015 年，豆粕产量为 6120 万吨，约占世界豆粕产量的26.92%，除 1998 年、2001 年、2003 年和 2006 年豆粕产量有所下降，其余年份均呈增长态势。近年来，我国畜牧业发展较为迅速，肉蛋奶的需求量大幅增加，因此豆粕的产量在满足日益增长的市场需求的同时迅猛增长。

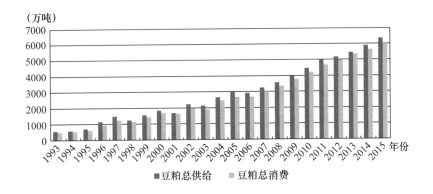

图 2 - 6　中国豆粕供给量与消费量（1993—2015）

资料来源：中国产业信息网。

2. 大豆蛋白加工

　　我国大豆蛋白系列产品的生产始于 20 世纪 80 年代，比发达国家晚 30 年。大豆是重要的植物蛋白质资源。充分、有效地利用大豆蛋白质资源是改善国民营养膳食结构、提高蛋白质的摄入量以及增强国民体质的重要举措。我国在大豆蛋白质粉的脱腥技术和生产工艺方面已有较为丰富的经验。大豆蛋白质加工领域是大豆深加工中最有潜力、最有前途的领域，产品也大属于高技术含量、高附加值的产品。大豆蛋白制品主要有大豆粉、豆奶、豆腐、浓缩大豆蛋白、组织大豆蛋白、分离大豆蛋白、功能性大豆蛋白、大豆发酵制品以及大豆多肽等。

中国种植的大豆是非转基因大豆，具有高蛋白的优势，可以直接食用或用于食品加工、食品蛋白加工以及保健品的生产。蛋白质是人体需要的重要营养物质之一，且大豆蛋白中含有人体必需的氨基酸。大豆中蛋白质含量约为38%，是谷类食物蛋白质含量的4—5倍。我国拥有大豆蛋白食品生产企业近60家，其中，山东是全国大豆蛋白食品的重要产区。根据中国大豆产业协会的统计，我国大豆蛋白食品在国际市场上的市场份额正以10%的速度增长。目前，我国年产大豆分离蛋白40万—50万吨，内销和外销各占50%，并出口全球90多个国家和地区，约占全球大豆蛋白贸易总量的50%。

3. 大豆副产品加工

大豆主要用于提取油脂和饲用豆粕，除此之外大豆高附加值产品的研发促进大豆产业链加工环节的发展。大豆加工企业从豆农或贸易公司手中收购大豆，经过压榨生产出豆粕和豆油等产品，而豆油或豆粕又可以深加工为高附加值的大豆副产品。例如，豆油可以深加工成人造黄油、人造奶酪，还可制成油漆、黏合剂、化肥、上浆剂、油毡、杀虫剂、灭火剂的成分等。随着科学技术的发展，大豆油经过深加工可制成工业用途的甘油、油墨、合成树脂、涂料、润滑油、绝缘制品和生物柴油等。医药上可提取、制作有降低血液胆固醇、防治心血管病功效的亚油酸制品；豆粕除可作为养殖业的饲料外，还可以用于制造糕点、酱油、保健食品、抗生素原料等，精、深加工后还可以用于生产食用蛋白、异黄酮、大豆卵磷脂、低聚糖、皂甙、多肽等高附加值产品。

大豆加工过程中也会得到豆渣，以其富含钙、磷、铁、维生素、膳食纤维等营养成分深得科学工作者和商业界的青睐；大豆膳食纤维主要从豆渣中提取制得，广泛应用于肉制品、面制品、饮料、休闲食品中。现代工艺技术使大豆的用途更加多样化，大豆制品的应用范围也在不断扩大。

（二）中国大豆加工企业发展情况

大豆加工业主要包括大豆油脂压榨业、大豆蛋白加工业和大豆食品及高附加值营养保健品深加工业。因为对原料的需求庞大，所以，大豆加工企业主要以大豆压榨企业为主，且国内对大豆压榨企业和大豆油脂加工企业并无严格区分，其他类型的企业所占比重相对较小；我国大豆加工企业分为外商独资、外商参股、国有及民营大豆加工企业。

大豆加工业总体上取得了快速发展，企业规模不断扩大，加工企业产能快速增长，大豆压榨产量迅速增加，大豆食品及其他高附加值产品深加工业也得到较快发展。但近年来，我国大豆加工业不断调整，在生产布局上，由产地加工逐渐向沿海加工发展，并基本上形成了以主产区和沿海港口为主的产业布局，同时还存在以进口原料加工为主的沿海企业集群；在规模上，中小企业逐渐向大型企业转变，因受金融危机影响，国内比较分散的中小型企业多数遭遇兼并或破产。

1. 大豆加工企业发展特点

2008 年以前中国大豆加工企业加工深度及精度都不够，整体水平较低，企业主要生产大豆初级制品，深加工产品较少且产品附加值不高，大豆加工链较短；中国作为世界上最大的大豆进口国，但其在大豆国际市场上却没有话语权；世界大豆产业链被全球四大粮商所控制，2008 年受金融危机影响，企业为偿还贷款被迫被外资收购，使国有或民营油脂加工企业在中国大豆加工市场中所占份额迅速缩小。2009 年，国内近 65% 的企业被四大粮商直接或间接收购。据统计；2012 年，ABCD 四大跨国粮商控制了中国 70% 以上的大豆压榨企业。

国际跨国粮商给国内大豆加工企业造成致命打击。国际跨国粮商资金雄厚，拥有完整的产业链，同时又控制了进口大豆的货源。在大豆的来源上，它们操控的企业购买国外进口大豆进行压榨；在大豆的压榨环节上，它们不仅干预国际市场上的大豆期货价格，从而影响企业采购大豆的价格，还大量收购国内压榨企业，控制国内压榨企业的数量和压榨产能；在大豆销售环节，通过占领市场份额，力图获取丰厚利润。近年来，外资不断加强对中国大豆加工行业的控制，主要采用参股、控股以及兼并油脂加工企业或控制对大豆的进口权等方法。同时，80%以上的进口大豆货源被外资企业控制，国内大豆产业链基本被割裂。另外，外资企业在沿海地区大肆建厂的同时也控制了中国的县域市场，占据了40%以上的食用油消费市场。

随着大豆加工业被外资逐步控制，中国大豆的贸易格局发生了改变，国内大豆压榨企业生存举步维艰。同时，因受进口大豆的价格冲击，花生、菜籽等其他油料市场也渐趋萎靡，且豆油、豆粕等大豆产业链对外依存度升高，风险增大。

2. 大豆加工企业的产能

从1999年开始，随着外国资本逐渐进入我国大豆加工领域，我国大豆加工行业也进入了快速发展阶段。2000年，我国大豆日加工能力为6.4万吨，年加工能力仅达2000万吨；2004年，日加工能力增加到20.2万吨，年加工能力达5900万吨；2010年、2012年和2014年，我国大豆加工行业的产能分别为1亿吨/年、1.39亿吨/年和1.47亿吨/年；2000—2014年，我国大豆年加工能力年均增长近1000万吨，尽管2005年国家发改委发出大豆加工业产能过剩的预警，并于2008年开始严格控制加工业产能的扩张，但随着市场需求的迅猛增长，自2009年以来，每年新增产能仍超过1000万吨，其中2012年新增产能达到1500万吨。

2004年以前，我国大豆加工业主要分布在黑龙江大豆主产区，但目前已逐步迁移到沿海港口地区。2009年，黑龙江省日加工200吨以上的油脂企业达88家，全省日加工能力为5.4万吨/日；吉林省日加工1000吨以上的油脂企业有7家，全省日加工能力为0.78万吨/日；山东省日加工500吨以上的油脂企业已达19家，全省日加工能力为5.53万吨/日，且已经超过了黑龙江省的日加工能力；

江苏省日加工能力为 3.6 万吨/日，广东省为 3.4 万吨/日，京津冀
地区为 2.45 万吨/日，辽宁省为 1.93 万吨/日。近年来大豆加工业
产能不断扩张，2014 年山东占全国大豆加工能力的 19.6%，位居全
国第一，其中广东、江苏以及辽宁省大豆加工能力也都超过了黑龙
江省，与 2009 年相比，2014 年山东省（19.6%）、华南地区
（30.6%）以及华北地区（14.8%）占全国年大豆加工能力的比重
有所上升，而长江流域（22.1%）、东北地区（10.5%）以及内陆
地区（2.5%）所占比重明显下降，这也突出了大豆加工企业正逐
步向沿海港口地区转移的特征。

　　表 2 - 2 为 2013—2016 年中国主要的 11 家大豆压榨加工企业的
产能分布表。其中，外资企业包括益海嘉里、邦吉公司、嘉吉公司、
路易达孚四家企业，而益海嘉里产能最高，产能达 5 万吨/日以上，
年产能约占全国的 12.7%。国有加工企业包括中粮集团、中储粮、九
三集团、中纺集团，其中中粮集团产能最高，为 4 万吨/日以上，年
产能占全国的 9.29%，其余三家民营企业总产能占全国的 11.88%。

表 2 - 2　　　　　2013—2016 年部分企业大豆产能　　　单位：吨/日

企业	2013 年	2014 年	2015 年	2016 年
益海集团	48800	54550	54550	54550
中粮集团	30700	41700	41700	41700
九三集团	27000	31000	31000	31000
邦吉	17500	17500	17500	20500
嘉吉	15600	15600	15600	19600
达孚	5000	9000	9000	13000
中纺	19300	16800	16800	17300
中储粮	14000	19000	15000	24000
渤海	23400	23400	23400	23400
汇福	6500	16500	16500	16500
植之元	12500	10000	10000	10000

资料来源：国家粮食信息中心及种植业网数据整理所得。

3. 我国大豆加工企业的竞争格局

中国"油"之争,实为"豆"之争。我国大豆压榨行业素有
"三足鼎立"之说,即国有企业、外资企业与民营企业间的竞争。
如图 2-8 所示,在产能占 5% 及以上的 6 家企业中,作为唯一的外
资企业益海集团占比最高,达 14%,其中,中粮集团、九三集团、
中储粮、中纺集团 4 家为国有企业,唯一一家民营企业渤海集团占
6%。2008 年,国家发改委发布《关于促进大豆加工业健康发展的
指导意见》,提出要严格控制大豆油脂产能扩张,并对外商投资油
脂加工企业进行了限制。此后,外资在国内加工企业中的扩张速度
有所放缓,以中粮、中储粮和九三等为代表的大型本土企业强势崛
起,形成目前"以大型国有企业为主导、外资次之、民营企业为补
充"的格局。

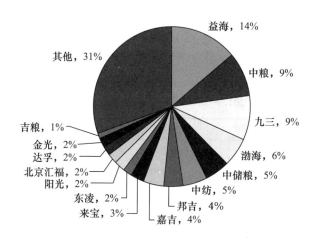

图 2-7 2016 年国内大豆生产企业产能占比

资料来源:中国产业信息网。

2009 年跨国企业的产能占全国大豆加工总产能的 40.3%,内资
企业占 59.7%,其中,国有企业占 27.2%;2010 年跨国企业的产
能占全国总产能的比重下降到 37.2%,内资企业提高到 62.8%,其

中国有企业占30.3%；2014年跨国企业的产能占全国总产能的比重进一步下降到31.6%，内资企业达到68.5%，其中国有企业占33.6%，民营企业占34.9%，两者均超过跨国企业，这表明跨国企业的大豆加工能力呈下降趋势。

（三）中国大豆加工业的空间布局

随着进口大豆的不断增加，中国大豆加工业的空间布局也发生了巨大改变。在历史上，为了便于从主产区采购大豆和节省运输成本，中国的大豆加工企业主要分布在大豆主产区附近。但近年来随着进口大豆的不断涌入，压榨企业逐渐选择进口大豆作为加工原料，同时国产大豆因不具备价格优势而逐渐被冷落。为了减少运输、储存成本，诸多大豆压榨企业选择在沿海港口区域建厂，因此造成了大豆加工企业从主产区逐渐转移到沿海港口。当前，中国的大豆压榨圈主要包括以黑龙江九三油脂集团为代表的东北压榨圈、以江苏东海粮油公司为代表的江浙压榨圈、以山东益海油脂公司为代表的环渤海压榨圈、以东莞嘉吉油脂代表的华南压榨圈以及以周口益海为代表的内陆压榨圈。

三　中国大豆产业的贸易现状

（一）大豆进出口贸易失衡

大豆在我国国民经济运行中发挥着重要作用，它关系到我国4200多万农民的利益和1亿公顷耕土地的优势发挥，同时关乎国家的粮食安全和社会稳定。

在20世纪90年代以前，我国大豆供需一直处于平衡甚至供大于求的状态，而且国产大豆还作为重要的出口创汇产品。1996年我国对农产品贸易政策进行调整，取消针对大豆的贸易限制（如配额制、高关税、国营垄断经营等），将大豆的进口关税降至较低水平（3%）。同时，随着国内消费水平的变化，国内市场对大豆的需求不断增加，从而中国大豆自给自足的状态被打破，因此，在短短的十几年内我国由传统的大豆出口国转变为世界第一大豆进口国，而且进口规模连年攀升。表 2 - 3 给出了从 1995—2016 年中国大豆进出口数量及净进口量。由表 2 - 3 可知，1995 年以前，我国一直是大豆贸易净出口国，而 1996 年开始至今我国大豆贸易一直存在逆差。1996—2016 年，我国大豆进口量持续攀升，由 110.75 万吨上升至 8600.36 万吨，短短的 20 年时间内进口量增长了 8000 多万吨。然而，中国大豆出口量则有增有减。1996—2008 年，大豆出口量由 19.17 万吨增加到 46.51 万吨，大豆出口量一直维持在大豆进口量的 1% 左右。由此可见，我国大豆的进出口贸易出现严重失衡。究其原因，我国大豆进出口贸易的失衡是由国内农产品贸易政策、国内供求状况、国际市场开放力度等诸多因素共同导致的。

表 2 - 3　　　　　1995—2016 年中国大豆进出口贸易情况　　　单位：万吨

年份	进口量	出口量	净进口量
1995	29.39	37.51	-8.12
1996	110.75	19.17	91.58
1997	287.59	18.57	269.02
1998	319.25	16.99	302.26
1999	431.86	20.44	411.42
2000	1041.91	21.08	1020.83
2001	1393.95	24.84	1369.11
2002	1131.44	27.59	1103.85
2003	2074.10	26.75	2047.35
2004	2023.00	33.46	1989.54
2005	2659.45	39.65	2619.80
2006	2823.69	37.90	2785.79
2007	3081.70	45.65	3036.05
2008	3743.63	46.51	3697.12
2009	4255.11	34.65	4220.46
2010	5479.75	16.36	5463.39
2011	5249.57	20.83	5228.74
2012	5838.21	31.80	5806.41

续表

年份	进口量	出口量	净进口量
2013	6556.62	22.11	6534.51
2014	7140.74	20.70	7120.04
2015	8350.28	15.00	8335.28
2016	8600.36	13.00	8587.36

资料来源：布瑞克农业数据库。

（二）大豆贸易呈现明显的季节性特征

从地理学的角度来看，以赤道为界，分南半球和北半球，且南北半球的气候条件截然不同。全球大豆的主产区主要为美国、巴西、阿根廷和中国，中国和美国位于北半球，而巴西和阿根廷位于南半球。这样的地理分布使大豆的生产可以更加合理地满足全球大豆需求，从而全球大豆的供应呈明显的"季节性"特征。中国与美国的大豆在4—5月播种，9—10月收割并大量上市；而巴西和阿根廷的大豆上市季节为每年的5—6月，因此，每年的7—8月为大豆供应的淡季，也是大豆消费的旺季，此时大豆价格为一年中最高水平。受自然条件和地理因素影响，我国大豆主产区集中在东北三省、黄河流域以及长江流域，在这些地区，大豆集中在11月上市，次年5月基本销售完毕，因此，我国大豆生产和全球大豆供给的季节性规律必定会导致大豆进口呈现"季节性"的特点。

（三）大豆贸易对外依存度较高

大豆是我国较早对外开放的农产品品种，随着我国大豆进口数量的快速增长，同时外资控制几乎所有的大豆进口，使大豆进口依存度也不断提高。目前，国内97家大型油脂企业有64家为跨国粮商参股或控股，且我国大豆原料加工企业和食用油加工企业的75%的市场份额被外资控制。跨国企业经济实力强且垄断程度高，使我国大豆产业安全受到威胁且对外资依赖程度逐渐加强。目前，国际上少数几家跨国粮商控制着美国、巴西、阿根廷等大豆主产国大豆的收购，并拥有全球70%以上的大豆货源，其中ADM、邦吉、嘉吉和路易达孚四家公司就控制了中国近80%的大豆进口货源。跨国企业对中国大豆产业带来的威胁在2004年就已显现出来，跨国公司与大豆主产国强强联合，并拥有一套完整的产销体系，以低价倾销的方式对中国大豆市场鲸吞蚕食，导致中国不具备成本优势的本土大豆节节败退，使国内的大豆加工企业几乎全军覆没，并且近八成以上的榨油企业处于停产和半停产状态。

第二节　中国大豆市场需求分析

一　中国大豆消费需求变化分析

通过对1963年以来中国大豆的消费需求进行统计分析（见图2-9），可以看出，1963—1978年我国大豆的消费需求量较低且保持稳定；1978—1992年，中国大豆国内需求量缓慢增加，从1978年的878万吨增加到1992年的1270万吨，增长了约45%；1993—2009年，中国大豆的国内需求量从1789万吨激增到6734万吨，增幅达260%；2009—2014年，大豆的国内需求持续上升。大豆需求主要来源食用消费和压榨需求，国产大豆主要用于食品加工，而进口大豆主要用于压榨。在我国，大豆及豆制品是植物蛋白的主要来源之一，并通过提高豆类蛋白的摄入量来提高居民优质蛋白的摄入量。据统计，我国城市居民豆类蛋白摄入量占优质蛋白摄入量的比例保持在12%左右，农村保持在6.5%—7%。农村居民以消费原豆为主，而城镇居民则以消费豆制品为主，随着人们收入水平及生活水平的提高，对于豆类产品的需求也在不断加大。

二　中国大豆分类需求量变化分析

近年来，中国大豆的各类需求量持续增长，其中食用大豆需求量的增长最为明显，同时肉、蛋、奶等的需求量的明显增长促进了我国畜牧业的发展，进而增加了对豆粕的需求。与此同时，我国对豆油的需求量也越来越大。

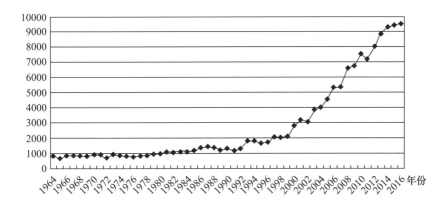

图 2 - 8　1964—2016 年中国大豆消费需求变化情况

资料来源：联合国粮农组织数据库。

在 1984 年之前，中国大豆消费需求较为稳定，年均消费量为 750 万—850 万吨。其中饲料、种用、损耗用途的大豆需求量为 60 万—75 万吨，占消费总量的 8%—8.8%，食用消费量为 500 万—650 万吨，占消费总量的 66.7%—76.5%，压榨使用量为 130 万—170 万吨，占消费总量的 17%—20%。

1985—1992 年，大豆压榨量明显上升，年均消费量为 950 万—1000 万吨。其中饲料、种用和损耗用途的大豆需求量为 72 万—75 万吨，约占消费总量的 7.5%，食用消费量为 480 万—600 万吨，占消费总量的 50.5%—60%，压榨使用量为 270 万—450 万吨，占消费总量的 28%—45%。这一阶段大豆食用消费量所占比重明显下降，而压榨使用量占消费总量的比重急速上升。

1993—2001 年，消费总量和压榨量都急剧上升，年均消费量为 1430—3000 万吨。饲料、种用、损耗用途的大豆需求量为 105 万—

150 万吨，占消费总量的 5%—7%，食用消费量为 557 万—670 万吨，占消费总量的 22%—39%，压榨使用量为 747 万—2160 万吨，占消费总量的 52%—72%。与前两个阶段相比，这一阶段大豆食用消费水平继续下降，压榨使用量占消费总量的比重迅猛上升。

表 2 - 4　　　　　　　2000—2016 年中国大豆消费量　　　　单位：万吨

年份	榨油大豆	食用消费	饲用消费	出口量	种用量
2000	2015.09	648.30	18.00	25.00	88.18
2001	1853.35	693.60	20.00	22.00	79.78
2002	2709.51	742.20	21.00	26.52	89.40
2003	2381.01	794.20	22.00	31.92	81.55
2004	3110.08	820.00	23.00	38.97	80.27
2005	3368.60	835.00	25.00	35.41	88.72
2006	3470.00	830.00	25.00	44.64	86.50
2007	3695.00	840.00	26.00	45.26	85.00
2008	4750.00	860.00	26.00	39.89	86.00
2009	5000.00	895.00	26.50	18.38	87.00
2010	5400.00	972.00	30.00	17.00	80.40
2011	5900.00	1100.00	30.10	23.60	70.00
2012	6100.00	980.00	130.10	26.60	68.00
2013	6500.00	1100.00	150.00	22.00	63.50
2014	7100.00	1150.00	150.00	13.30	60.00
2015	7400.00	1250.00	150.00	15.00	58.00
2016	7800.00	1300.00	150.00	16.00	58.00

资料来源：布瑞克农业数据库。

2002—2010 年，消费总量和压榨量继续上升，年均消费量为 3350 万—5720 万吨。食用消费量为 700 万—1100 万吨，占消费总量的 19%—21%，压榨使用量为 2500 万—4570 万吨，占消费总量的 74%—83%。这一时期大豆压榨使用量继续迅猛增长，食用消费水平继续下降。

　　2010 年以后，大豆用于压榨、食用消费、饲用消费、种用的数量都发生了较大的变化。2010 年大豆压榨量较 2009 年增加 500 万吨，消费量增加 80 万吨。2016 年大豆压榨使用数量增至 7800 万吨，食用消费、饲用消费和种用量较往年无明显变化。

三　中国大豆需求结构分析

　　中国大豆的需求由国内消费和国外需求共同组成，其中，国内消费包括直接食用、压榨、种子、损耗等组成部分，而直接食用和加工压榨是国内大豆消费的主要方式。具体来说，中国大豆需求的急剧增加，一方面是由于中国植物油消费需求的增加和畜牧业的发展；另一方面中国大豆压榨使用量的持续增长也是大豆急速增长的重要原因，且其增幅快于美国，并与南美基本相当，但由于压榨实际利用率仅为 50%，因此压榨产业的发展空间仍然很大。另外，中国大豆及豆制品的出口量较少，基本属于调节性贸易活动。因此中国大豆的消费总量与国内消费量基本相当，但库存量呈现明显的下降趋势，且库存不足的问题日益严重。张振华和刘志民采用动态模型对 2010—2020 年我国大豆供需进行预测分析，认为未来十年，我国大豆供需矛盾将更加突出，国内大豆供给量与需求量的平均增长率分别为 5.6% 和 6.5%，需求的增长率超过了供给，到 2020 年，我国的大豆总供给量为 9831 万吨，而总需求量高达 1.12 亿吨。我国国内大豆消费需求旺盛，大豆消费量将持续快速增长。

　　随着我国经济的持续发展，居民的食物消费结构发生了重大变化，人们对主粮玉米、水稻、小麦的消费需求逐年减少。玉米临时收储制度的取消使大豆种植面积有所增加，从而增加了大豆的产出水平，进而缓解了大豆产业安全危机。总之，大豆压榨需求量仍会继续增长，食品加工需求也会增加，中国大豆供需的结构性矛盾将会因供给侧结构性改革的深入而得以缓解。

第三节　中国大豆市场供需平衡分析

一　中国大豆供需结构分析

根据市场供需理论，可以将大豆市场划分为供给、需求、价格和外力因素等几个部分。其中，供给部分包括大豆的国内生产量、大豆的进口量以及库存的变化量；需求部分包括大豆的国内消费量、大豆的出口量以及其他方面；价格部分包括大豆的国内市场价格和国际市场价格。影响大豆国内生产量的外力因素主要包括大豆生产资料的价格因素、与大豆产生竞争的产品价格因素、科学技术进步因素以及其他因素；影响大豆国内消费量的外力因素主要包括地区的人口数量因素、居民收入水平因素、大豆产品替代品价格因素以及其他因素。大豆市场供需结构示意如图 2 - 10 所示。

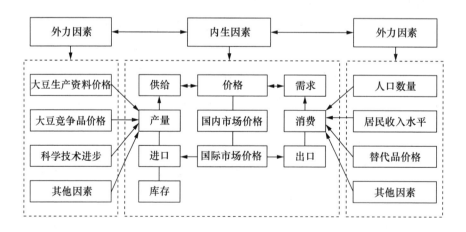

图 2 - 9　大豆市场供需结构示意

中国大豆生产及供给的影响因素主要包括：（1）大豆生产资料价格因素。当大豆生产资料价格上涨时，会增加农户种植的边际成本，从而造成农户种植大豆积极性的下降，进而导致大豆产量的下降。（2）大豆收购价格因素。大豆收购价格会直接影响农户对大豆种植的积极性，当大豆收购价格上涨时会促使农户加大大豆的种植面积，从而增加大豆的生产量。（3）玉米与大豆预期收购价格因素。当玉米预期的收购价格上涨时，农户会投入更多的生产要素到玉米的生产要素中，在粮食生产过程中，大豆和玉米存在土地资源、生产要素等诸多方面的竞争，因此，玉米种植面积的增长必然会减少大豆的种植面积，进而导致大豆产量的下降。

中国大豆消费及需求的影响因素主要包括：（1）大豆的销售价格因素。大豆销售价格对消费者的消费结构产生影响，当价格上涨时，会使大豆消费量下降；反之亦然。（2）人口数量和居民收入水平因素。大豆的消费直接受到人口数量的影响，当人口数量增长时，对应的大豆消费量也将增加。同时，除人口数量的影响外，居民收入水平也将对大豆的消费量产生影响，当居民消费水平有所增加时，同样会促进大豆消费量的增长。（3）其他大豆替代品价格因素。除大豆的销售价格因素外，其他大豆替代品价格也是影响大豆消费量的重要因素，比如其他油料作物价格的影响。当大豆消费价格上涨时，会促使消费者增加大豆替代品的消费量；反之，当大豆替代品价格上涨时，会促使消费者增加大豆产品的消费量。

对大豆进口数量产生影响的因素主要包括：（1）国际大豆市场价格因素。国际大豆市场价格上涨时，会促使消费者增加国产大豆的消费量；反之亦然。（2）国内大豆市场价格因素。与国际大豆市场价格因素相对应，当国内大豆市场的价格上涨时，会促使消费者增加进口大豆的消费量。（3）大豆政策因素。大豆政策措施不仅会对大豆的生产量产生影响，同样会对大豆的进口数量产生影响。

二 中国大豆市场供需平衡现状

近年来，随着我国大豆种植面积的不断缩减，我国大豆的市场供给率逐渐减小。从全球的大豆产量来看，20世纪以来，全球的大

豆产业发展取得了较大发展，全世界大豆的总产量从 1975 年的
6425 万吨升至 2015 年的 3.1 亿吨，增加了大约 4 倍。我国的大豆
生产量从 1975 年的 730 万吨增长到 2015 年的 1150 万吨，增长了
60%，说明我国大豆生产量的增幅要明显小于全球的增幅。

　　2015 年我国的大豆总产量为 1150 万吨，与美国、巴西、阿根
廷等大豆主产国相比存在着较大差距。从图 2－10 中可以看出，
1975—1997 年，我国的大豆生产量占世界大豆总产量的比重始终保
持在 10% 左右的水平。但是，从 1998 年开始，我国大豆产量占世
界总产量的比重逐年下降，到 2010 年占比下降至 5.7%，而 2015
年占比下降至 3.8%。相比较而言，美国、巴西、阿根廷 2015 年大
豆产量占世界总产量的比重分别为 32.8%、28.5% 和 17.5%。不难
看出，我国大豆产量的世界占比要明显小于上述大豆主产国。在巨
大市场需求的背景下，我国的大豆市场供给不足问题亟待解决。

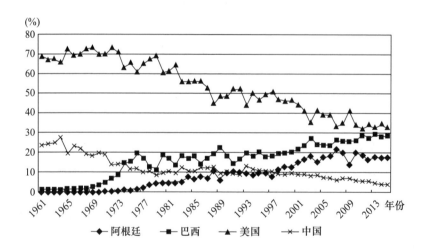

图 2－10　1961—2015 年大豆主产国大豆产量世界占比

资料来源：联合国粮农组织数据库。

　　从生产、消费和进口量三个方面分析我国大豆供需平衡的现状，
从消费来看，1964—2015 年，我国大豆产业的消费量从 800 万吨迅

速增长至 9000 万吨，随着社会经济的快速发展和人们生活水平的不断提高，我国未来对大豆的消费量还将继续增长。从生产来看，近年来我国大豆的生产量持续减少，1964—2015 年的大豆生产量变化不太明显，考察期内生产量的最大值将近 1700 万吨，较 1964 年翻了一番，而 2015 年我国大豆的总产量约为 1150 万吨，与当年 9000 万吨的大豆消费量相比还存在着较大的供给缺口（见图 2－11），因此，我国不得不依靠进口来弥补巨大的大豆供给缺口。目前，我国已经从原来的大豆生产大国转变为大豆进口大国。

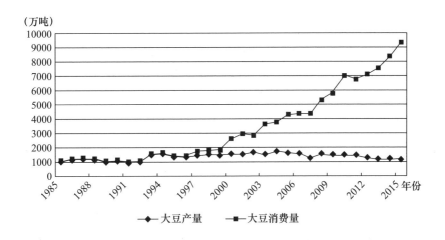

图 2－11　1985—2015 年中国大豆生产、消费量

资料来源：国家统计局。

三　中国大豆市场供需平衡趋势

（一）中国大豆供需矛盾将有所缓解

在农业供给侧结构性改革的推动下，我国大豆迎来了新的发展机遇，这将意味着中国大豆的供需矛盾将有所缓解。首先，我国于 2016 年 3 月取消了实施九年的玉米临时收储政策，将其调整为"市场化收购"加"补贴"的新机制，政策实施以来，玉米价格大幅下降，农民收入在短期内受到较大影响。农民在政府的引导下根据实际情况调整种植业结构，削减玉米而增加大豆的种植面积，同时农户种植大豆的信心也得以提升，2016 年全国大豆种植面积明显增长，播种面积为 7156 千公顷，较 2015 年的 5543 千公顷增加 1613 千公顷，增幅达 29.1%，其中东北地区尤其黑龙江省的增幅最为明显，其大豆单产达到 1783 公斤/公顷，比上年度增加 1.2%，大豆产量达到 1276 万吨，比上年度增加 115 万吨。其次，为贯彻落实农业供给侧结构性改革，解决当前我国农业存在的结构性失衡问题，农业部发布《关于促进大豆生产发展的指导意见》，目标可概括为"一扩大""三提高"。"一扩大"是指扩大大豆的种植面积，力争到 2020 年大豆面积达到 1.4 亿亩，比 2015 年增加 4000 万亩。一方面，适当调减东北冷凉区、北方农牧交错区、西北风沙干旱区和西南石漠化区等"镰刀弯"地区的非优势区玉米面积，而改种大豆、杂粮杂豆、青贮玉米、马铃薯等作物。另一方面，建立合理的轮作制度，大豆是种地、养地结合的重要倒茬作物，且属于豆科作物，具有根瘤共生固氮作用，推行大豆与玉米轮作倒茬，可实现用地、养地结合，促进可持续发展。"三提高"就是提高单产，提高品质，提高效益，大豆种植面积的增加主要取决于农民收益的提高，国家政策的大力扶持也必将促进大豆种植面积的增加，从而大豆产量也将增加。

通过以上分析可知，国家农业政策有助于大豆种植业的发展，但从中长期来看，大豆播种面积和产量提高的潜力可能有限。据联合国粮农组织《2013—2022 年农业展望》报告，未来十年中国油料单产水平增速放缓至 1.1%，而大豆产量可能增长至 1350 万吨，比 2013 年增加 14%。

（二）中国大豆进口压力将有所下降

受农业供给侧结构性改革的影响，我国将加速推进农业产业结构调整，一方面，"镰刀弯"地区玉米种植面积大幅度减少，国产大豆种植面积出现恢复性增长，2016 年国产大豆产量由 1100 万吨上升到 1300 万吨。另一方面，大豆临时收储政策取消后，其价格逐渐与国际市场接轨，同时国产大豆价格竞争优势不断提升，因此，大豆的进口压力有所下降。受环保的持续影响，国内养殖业的发展有所放缓，从而饲料行业对豆粕的需求有所下降，国内大豆需求的不断缩小也使我国大豆进口压力有所下降。

　　从长期来看，受国内环境和国家农业政策的影响，中国大豆进口增速也将有所放缓。图 2－12 为我国从 2000—2016 年中国大豆进口增速变化情况，从图中可以看到，中国大豆进口的增长速度有增有减，近几年中国大豆进口速度变化趋于平缓。

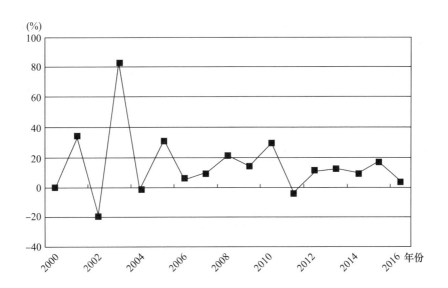

图 2－12　2000—2016 年中国大豆进口增速变化情况

资料来源：根据联合国粮农组织数据库数据计算得出。

（三）中国大豆出口量将有所增加

　　中国曾是世界大豆第一出口国，但进入 21 世纪，中国国内对高热量、高蛋白以及高脂肪食物的消费不断增加，从而使中国逐步成为全球第一大豆进口国。然而，世界发达国家对中国大豆及其制成品的营养保健功能开始有所关注，首先，国际顶级大豆蛋白生产商对于大豆原料的基本要求为：必须以非转基因大豆为原料，并标注原产地。与此同时，由于转基因大豆在世界范围内蔓延，非转基因大豆的品质优势越来越明显；其次，与非转基因大豆相比，中国的非转基因大豆虽然油脂含量较低，但蛋白质含量普遍高于转基因大豆，且属于全价蛋白，非常适合用于生产豆制品和大豆蛋白产品。另外，优质非转基因大豆的国际市场需求有较大潜力，相关产品价格的上升空间很大，在国际市场上，中国的非转基因大豆价格约为转基因大豆价格的 1.2 倍；欧洲、日本、韩国等国家非转基因大豆制品的价格比转基因产品高出 30%—50%，消费者对非转基因大豆产品的市场认知度越来越高，因此，未来中国大豆出口量将会有所增加。目前，中国每年销往发达国家的非转基因大豆蛋白量占世界大豆蛋白市场份额的 50%。国内大豆蛋白生产企业有 60 多家，产能在 70 余万吨以上的规模企业有 20 余家，但产品较为单一，且生产技术相对落后。随着食品加工技术的进步及人民消费意识的转变，大豆蛋白将更多地用于制作保健、休闲食品，未来中国大豆蛋白的国际市场份额也将持续增加。

本章小结

本章从生产、加工、贸易等层面对我国大豆产业的发展现状进行了阐述与分析，从消费需求变化、分类的需求量变化以及需求构成三个方面对我国大豆产业的市场需求进行了深入分析，从供需结构、供需平衡现状和供需平衡的发展趋势对我国大豆的供需状况进行了深入探讨。分析认为，近年来，中国大豆的种植面积不断缩减，大豆生产在粮食生产中的地位正在逐渐下降；根据大豆品种分布区域和耕作制度的不同，可将我国的大豆生产区划分为东北产区、黄淮流域产区、长江流域产区、南方产区等；随着大豆需求的逐年增加，国内大豆加工企业数量逐年增长，但是，受国际市场的影响，我国大豆加工企业面临巨大的价格风险，外资逐步占领了中国大豆的压榨市场；我国大豆贸易呈现进出口贸易失衡、季节性和对外依存度高等特征。在市场需求方面，近年来，中国大豆各类需求量持续增长，其中食用大豆需求量的增长最为明显，同时，肉、蛋、奶等的需求量也出现了明显增长。在市场供需平衡方面，根据市场供需理论，可以将大豆市场划分为需求、供给、价格和外力因素等几个部分；由于存在巨大的供需差距，导致我国大豆进口依赖度较高，使我国从原来的大豆生产大国转变为大豆进口大国；在农业供给侧结构性改革背景下，未来我国大豆市场供需平衡将向着供需矛盾有所缓解、进口压力有所下降和大豆出口量有所增加等方向发展。

第三章　全球大豆市场格局的演进

　　作为最古老的农作物之一，大豆最早起源于中国，后来经过传播开始在世界各地种植和发展。历史上，中国一直是全球最主要的大豆生产、出口和消费国。近年来，全球经济发展水平日益提高，世界各地对大豆的需求不断攀升，使全球大豆的生产、消费与进出口贸易量逐渐增大。图3-1反映了2000—2015年全球大豆的产量、进出口量及国内大豆消费量变动情况。从图3-1中不难看出，全球大豆的产量与国内消费量呈现交替领先、不断增长的趋势。2000—2015年，全球大豆产量从17576万吨增至31758万吨，国内消费量从1715万吨增至30564万吨；从进出口贸易方面来看，2000—2015年，全球大豆的进口量从5308万吨增至11973万吨，增长了1.26倍，全球大豆的出口量从5382万吨增至12215万吨，增长了1.27倍，可以看出，全球大豆的进、出口量差距不大，且基本持平。

　　当前，国内外大豆的生产与需求发生了巨大变化。一方面，人民生活水平得到较大改善，大豆因其营养价值较高的特点，受到国内消费者的青睐，因此造成了对大豆、豆粕、豆油及其高附加值产品的需求不断增加。另一方面，世界大豆主产国为提升大豆国际竞争力，不断增加大豆种植面积，并提高大豆生产、加工能力，导致大豆主产国美国、巴西、阿根廷和中国的大豆竞争格局发生变化。目前，美国、巴西和阿根廷三国垄断世界大豆出口，是排名世界前三的大豆贸易出口国家，而中国自1996年转变作为大豆出口国的贸易地位，成为世界第一大大豆净进口国。

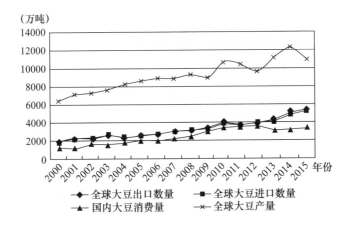

图 3-1　2000—2015 年全球大豆生产、消费及贸易概况

资料来源：根据 Comtrade 数据及相关资料整理得出。

第一节　全球大豆生产格局演变分析

　　截至 20 世纪 90 年代，大豆在全球 80 多个国家和地区得到广泛种植，种植面积达到 7000 多万公顷，全球大豆产量超过 1.5 亿吨。据统计，全球大豆种植面积最大的是美洲地区，种植面积达到 5000 多万公顷，占全球种植面积的 70%，其中，种植面积较大的国家主要包括美国、巴西、加拿大和阿根廷等。在亚洲，超过 20 个国家和地区种植大豆，种植面积超过 1600 万公顷，占全球大豆种植面积的 24% 左右，其中，种植面积较大的国家主要包括中国和印度。欧洲地区大豆种植面积相对较小，主要国家包括俄罗斯、法国和意大利等，种植面积不超过 100 万公顷，占全球总种植面积的 1% 左右。非洲地区和欧洲地区类似，种植面积占世界总种植面积的 1.3% 左右，且主要分布在尼加拉瓜、乌干达、津巴布韦和南非等国家和地区。

　　从国别来看，与其他农产品相比，全球大豆产量最高的国家主要包括美国、巴西、阿根廷和中国，其总产量占世界大豆总产量的

80%。其中，美国是最大的大豆生产国，占 33.9%。过去 20 多年来，四国大豆产量占全球总产量的比重始终在 87% 以上，集中度非常高。图 3 - 2 为大豆主产国大豆产量的变化过程。

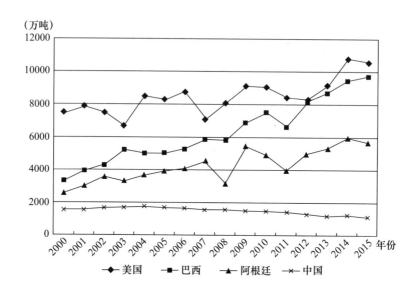

图 3 - 2　2000—2015 年全球大豆主产国大豆产量演变过程

资料来源：美国农业部网站、中国国家统计局。

一　大豆种植面积逐渐增加

在全球大豆需求与日俱增、大豆单产发展受限的条件下，增加大豆种植面积成为解决大豆需求的有效手段。据统计，近年来，大豆种植面积只有保持 280 万公顷/年的增长速度才能满足全球大豆的生产需求。

21 世纪以来，全球大豆种植面积逐年增加（见图 3 - 3）。1998 年全球大豆播种面积为 6984 万公顷；2000 年全球大豆播种面积为 7344 万公顷，较 1998 年增长了 4.9%；2003 年全球大豆种植面积为 8361.4 万公顷，较 2000 年增长了 14%；2015 年全球大豆种植面积 1.13 亿公顷，较 1998 年增长了 61.8%。

（百万公顷）

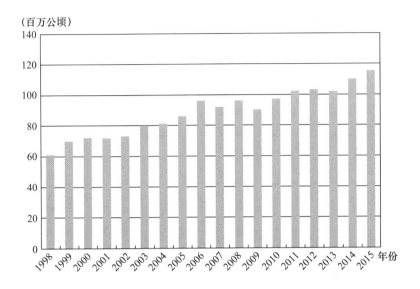

图3－3　1998—2015年全球大豆播种面积变化

资料来源：美国农业部网站。

巴西大豆种植面积从1998年至今呈现高速增长的趋势，增幅高达167%，预计在今后几年内将超过美国成为全球第一大大豆种植国，而印度大豆种植面积于2007年超过中国成为全球种植面积第四大国。随着南美种植面积的扩张，大豆生产集中程度可能会进一步加强。从全球大豆主产国大豆种植面积的对比分析中可以看出（见表3－1），中国大豆的播种面积从2006年的930.45万公顷下降到2015年的716.67万公顷，总体上呈下降趋势，与美国、巴西和阿根廷相比，中国大豆的生产规模有明显的劣势。2015年美国大豆播种面积为3561.12万公顷，是中国播种面积的5倍；2015年巴西大豆播种面积为3286.05万公顷，是中国大豆播种面积的4.6倍；2015年阿根廷大豆种植面积为2050.00万公顷，是中国大豆播种面积的2.9倍。中国大豆的生产特点表现为耕地分散、产量低、耕作方式粗放，不能形成规模效应。一般豆农的大豆播种面积只有几亩，最多也不过十几公顷，而在美国，豆农平均拥有100多公顷的土地，规模优势十分明显，因此，大豆的种植成本也相应较低。

表 3 - 1   2006—2015 年全球大豆主产国大豆种植面积

单位：万公顷

年份	美国	巴西	阿根廷	中国
2006	3019.07	2204.73	1513.00	930.45
2007	2595.92	2056.53	1598.13	875.39
2008	3022.27	2124.63	1638.74	912.72
2009	3090.70	2175.05	1677.10	919.01
2010	3100.33	2332.73	1813.08	851.61
2011	2985.64	2396.87	1876.49	788.91
2012	3081.47	2497.53	1757.73	717.11
2013	3085.88	2790.67	1941.88	679.1
2014	3342.38	3027.38	1925.26	680.06
2015	3561.12	3286.05	2050.00	716.67

资料来源：联合国粮农组织数据库。

二 转基因大豆种植面积大幅提升

转基因大豆的商业化种植直接带动单产和种植面积的大幅度提高，从而推动大豆产量的快速增长。美国于 1993 年前后开始转基因大豆的商业种植。1994 年，孟山都公司培育的抗草甘膦转基因大豆被批准商业化种植，大豆转基因技术在美国、阿根廷、巴西得到了大面积的推广。1996 年，全球转基因大豆大规模商业化生产，种植面积为 50 万公顷，到 2015 年，全球转基因大豆种植面积已经达到9165 万公顷，相当于全球转基因作物种植面积的 51%，占大豆种植面积的 77.2%（见图 3 - 4）。在转基因大豆大规模种植的推动下，全球大豆种植面积到 2015 年已增长至 1.13 亿公顷，十几年间几乎翻了一倍。

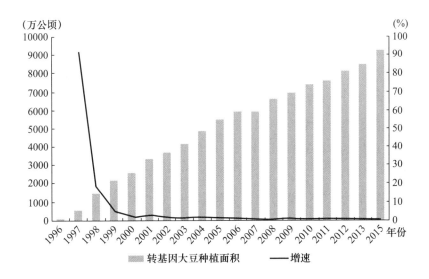

图 3 - 4　1996—2015 年全球转基因大豆种植面积变化

资料来源：中国产业信息网。

目前，美国和巴西是当前全球最大的两个转基因大豆种植国，转基因大豆种植比重不断增加。截至 2015 年，转基因大豆已占美国大豆种植总面积的 94%，占巴西大豆种植总面积的 87.4%，而阿根廷更是早在 2010 年转基因大豆种植面积占比就已高达 99%。

三　大豆单产量趋于平稳

长期以来，全球大豆的平均单产量呈现波浪式发展的趋势。资料显示，1961 年世界大豆的单产量只有 1.13 吨/公顷，自 1998 年以来，转基因大豆种植国美国、巴西和阿根廷单产都有所增加，2015 年三国单产分别为 3.21 吨/公顷、3.06 吨/公顷和 2.95 吨/公顷，均高于全球单产 2.65 吨/公顷，其中阿根廷单产增幅最大，比 1998 年增长 52.5%，巴西和美国增幅分别为 17% 和 26.9%。中国作为非转基因大豆种植国，其单产基本没有变化，十几年来始终在 1.8 吨/公顷附近波动，单产明显低于转基因大豆种植国。

中国大豆单位产量相对于全球大豆主产国而言一直处较低水

平，2015 年中国大豆单位产量为 1.60 吨/公顷，美国大豆单位产量
达到 3.21 吨/公顷，是中国大豆单产的 2 倍，2015 年巴西大豆单位
产量达到 3.06 吨/公顷，阿根廷大豆单位产量达到 2.95 吨/公顷。
从表 3-2 中可以看出，中国大豆的单位产量远远落后于全球大豆主
产国。国家统计局数据显示，2014 年，我国大豆产量为 1215.40 万
吨，进口量为 7140.31 万吨，出口量为 20.71 万吨，播种面积为
679.99 万公顷，单位产量为 1.79 吨/公顷。可以计算我国 2014 年
大豆需求量为 8335.00 万吨，如果单位产量提高为 12.26 吨/公顷，
我国大豆的供给可以满足国内的基本需要，但是理想的单位产量与
实际的单位产量的巨大差距难以填补。

表 3-2　2011—2015 年中国、美国、巴西和阿根廷四国大豆单产

单位：吨/公顷

年份	中国	美国	巴西	阿根廷
2011	1.84	2.82	3.12	2.61
2012	1.81	2.69	2.64	2.28
2013	1.76	2.96	2.93	2.54
2014	1.79	3.20	2.87	2.77
2015	1.60	3.21	3.06	2.95

资料来源：联合国粮农组织数据库。

第二节　全球大豆贸易格局演变分析

一　全球大豆出口贸易格局演变

世界大豆出口的贸易格局大致可以分为以下三个阶段：第一个
阶段为 1983—2004 年，以美国为主导，基本垄断世界大豆的出口；
第二个阶段为 2004—2013 年，美国和巴西、阿根廷三分世界大豆出

口；第三个阶段为 2013 年以后，以巴西为主导，美国其次、阿根廷紧追其后的世界大豆出口新格局。

从世界范围来看，大豆的生产和出口分布比较集中，世界大豆主要生产国为美国、巴西、阿根廷和中国。中国曾经是大豆主要出口国，尤其是新中国成立初期，中国是世界最大的大豆生产国和出口国，但自改革开放后，中国大豆出口量持续大幅下降、进口量持续攀升，1996 年，中国成为世界最大大豆净进口国。

图 3-5 显示，世界大豆出口数量不断增加。2000—2005 年，世界大豆出口数量增长速度比较平缓，同期，美国、巴西、阿根廷、加拿大等大豆主要出口国的大豆出口数量变化也相对平缓；2006—2009 年，世界大豆出口总量开始缓慢增加，同期，各大豆主要贸易国的出口数量也在不断增加，其中美国大豆出口数量的增长速度快于巴西等其他国家；2010—2011 年，世界大豆出口总量基本保持稳定，但美国等其他国家大豆出口数量发生不同程度的改变，其中美国大豆出口数量呈减少趋势，巴西大豆出口数量呈增加趋

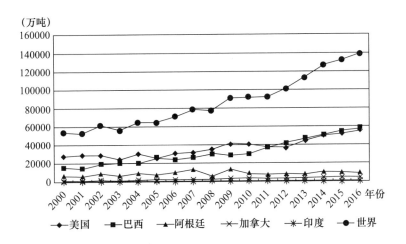

图 3-5　2000—2016 年全球大豆主产国大豆出口量

资料来源：布瑞克农业数据库。

势，其他国家大豆出口总量变化程度较小；2012—2016 年，世界主要大豆出口国家的出口贸易格局发生改变。巴西大豆出口增长速度快于美国，成为世界第一大豆出口贸易国，美国成为世界第二大豆出口贸易国，其他国家大豆出口数量比较平稳，基本保持稳定。因此，由于巴西大豆出口的快速增长及其占世界大豆出口数量的份额不断加大，不仅改变了世界大豆出口的贸易格局，也增加了世界大豆的出口数量。

数据显示，1990—2009 年，中国大豆出口数量大幅下降，降幅达 135%。近十年来，中国大豆的出口量维持在 40 万吨左右，以 2009 年为例，40 万吨的出口量仅占世界大豆出口量的 0.52%。当下，在世界大豆的出口市场中，美国、巴西和阿根廷是主要的出口国，其次是巴拉圭，其出口量也维持在较高的水平，加拿大大豆出口水平不断提高，接近阿根廷大豆出口水平。如图 3-6 所示，世界主要大豆出口国中，美国一直是大豆出口市场的领导者，2004 年

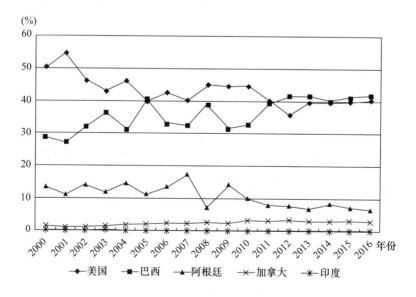

图 3-6   2000—2016 年全球大豆主产国大豆出口量占世界比重

资料来源：布瑞克农业数据库。

之前，其大豆出口占世界大豆出口比重明显高于巴西大豆出口占世界比重，但比重正呈下降趋势；2005 年巴西大豆出口数量与美国大豆出口数量相差无几；2006 年美国大豆出口数量有所增加，同期巴西大豆出口数量有所减少，美国仍为世界第一大豆出口国；2013年，美国作为世界第一大豆贸易出口国的地位发生改变，成为世界第二大豆贸易出口国，巴西成为世界第一大豆贸易出口国，其出口量占世界比重均呈不断上涨的趋势。由此可见，世界大豆出口市场主要由美国及南美洲国家主宰，其中南美的大豆市场发展最为迅速。

二 全球大豆进口贸易格局演变

与出口国相比，世界大豆的进口国则分布较广。2003 年世界大豆进口量排名前 13 位的国家依次是：中国、荷兰、日本、德国、墨西哥、西班牙、泰国、比利时、韩国、意大利、印度尼西亚、巴西和英国，这 13 个国家的大豆进口量占全球大豆进口贸易量的84.1%。其中，大多数的进口国家主要由于地域的原因或者是种植条件限制，必须依靠进口来维持本国对大豆的需求。1996 年，中国由大豆净出口国转变为大豆净进口国，2000 年中国进口大豆1041.9 万吨，到 2009 年进口量达到 4255 万吨，进口量占世界大豆进口总量的 45%，而出口量不到 1%。产生这种现象主要是由于中国国产大豆为非转基因大豆，国内粮食种植结构不平衡、适宜大豆种植的土地资源短缺、产量相对较低，同时国产大豆的价格高于进口大豆。因此，在人民对大豆的需求不断增加的情况下，国产大豆的供给难以满足快速增长的需求，供给不平衡，导致中国逐渐由大豆净出口国演变为净进口国，并且呈现需求缺口不断增大的趋势。

总体来看，世界大豆进口市场中，除欧盟以外，中国、荷兰、墨西哥、德国是世界主要的大豆进口国。由表 3 - 3 可见，1981—1990 年，日本、荷兰、德国、中国台湾、墨西哥等国家和地区是世界大豆主要进口国，其中，日本大豆进口数量占世界大豆进口总量的17.8%，荷兰与德国分别占11.8%、11.2%，三国占世界大豆进口总量的比重相差较少；1991—2000年贸易格局基本保持不变，同样以日本为主导，包括荷兰、德国、墨西哥等国家的大豆进口，但三国占世界进口数量的比重发生了改变，荷兰增加2%，日本进口数量减少3.6%，德国进口数量也减少2%，墨西哥等国家的进口数量则呈增长趋势；2001—2010年，中国成为世界第一大豆进口国家，且占世界大豆进口比重较高，为45%，其他国家占世界大豆进口的份额有所降低；2011—2016年，中国仍为世界第一大豆进口国且占世界大豆进口比例继续加大，为63%，其他主要大豆进口国占世界大豆进口比例有所降低，由此可见，中国在世界大豆进口贸易中具有十分重要的地位。中国大豆进口数量一旦大幅减少，中国作为世界第一大豆进口国的地位将发生改变而在一定程度上影响世界大豆贸易的进出口格局。

表3-3　主要进口国家和地区进口量及占世界大豆总进口量的比重

单位：千吨、%

时间区间	主要进口国家和地区	进口量	进口量占世界总进口比重
1981—1990年	日本	4628.80	17.40
	荷兰	3156.00	11.80
	德国	2995.70	11.20
	中国台湾	1608.80	6.00
	墨西哥	1164.60	4.40
	其他国家及地区	13084.70	49.10
1991—2000年	日本	4802.50	13.80
	荷兰	4531.60	13.00
	德国	3273.70	9.40
	墨西哥	2849.10	8.20
	中国台湾	2370.90	6.80
	其他国家及地区	16989.10	4880.00

续表

时间区间	主要进口国家和地区	进口量	进口量占世界总进口比重
2001— 2010 年	中国	31317. 10	45. 00
	荷兰	4619. 25	7. 00
	德国	3828. 16	5. 00
	墨西哥	3765. 00	5. 00
	中国台湾	2362. 40	3. 00
	其他国家及地区	27509. 60	35. 00
2011— 2016 年	中国	43704. 00	63. 00
	墨西哥	2310. 20	5. 00
	德国	2180. 23	3. 00
	荷兰	1996. 34	3. 00
	中国台湾	1457. 60	2. 00
	其他国家及地区	17769. 70	24. 00

资料来源：根据联合国商品贸易统计数据库及农业大数据统计计算得出。

第三节　全球大豆供需市场格局演进

一　大豆生产消费演进

（一）中国大豆生产消费演进过程

新中国成立以来，中国大豆种植业发展相对稳定，并且随着国家政策的支持及科研技术的投入，中国大豆单位面积产量水平呈现波动增长的态势，但是，与美国等发达国家相比，单产水平仍存在较大的差距。种植面积和单产水平是决定产量的两个重要因素，因此可以通过对大豆单产及种植面积的了解，分析近年来我国大豆产量不断下降的原因和演进逻辑。近年来，随着国家农业政策的不断变化，我国大豆的种植面积也在不断发生变化。

首先，大豆种植面积的变化。20 世纪六七十年代，受地域分布的影响，我国大豆的种植面积基本稳定在 800 多万公顷，总体上呈现下降的趋势。改革开放以来，伴随着我国种植业结构的调整，我国大豆的种植面积呈现增长的趋势，但是增长幅度有限；2001 年中国加入世界贸易组织，中国大豆油料市场逐步开放，进口大豆数量的不断增加正逐步挤占中国大豆市场，从而导致国内大豆种植面积及产量不断下降。此外，农民的经济行为是由其所获得的经济利益决定的，农户常根据经济作物经济效益的高低来选择所要种植的农作物，而玉米、小麦、水稻等粮食作物的收益高于大豆，因此，农户更倾向于种植玉米、小麦、水稻等粮食作物。2008 年 10 月下旬，为解决东北玉米主产区农民卖粮难的问题、保护农民的利益和提高种植玉米的积极性，国家在东北三省及内蒙古自治区执行玉米临时收储制度。玉米临时收储政策的实施，极大地提高了农民种植玉米的积极性，导致东北三省地区的农民纷纷转向种植玉米而减少对大豆的种植。2008 年我国大豆的种植面积为 8000 千公顷，与 2007 年相比减少了 750 千公顷，之后几年，大豆的种植面积不断减少，到2015 年中国大豆的种植面积为 6590 千公顷，与 2008 年相比，下降了 18%。

其次，大豆单产量的变化。我国大豆的单产水平与发达国家相比存在较大差距，这与我国的土壤肥力与科研投入水平密切相关。从整体上看，中国大豆的单位面积产量总体呈下降的趋势，2004年，我国大豆的单位面积产量为 1816 万吨/公顷，2014 年我国大豆的单位面积产量为 1760 万吨/公顷，大豆单产水平下降近 3%。产生这种现象主要是由于我国大豆的土壤肥力不断下降，科研投入水平较低，而政府投入主要放在小麦、玉米、水稻等粮食作物上，对大豆的投入则相对较少，所以其单位面积产量相对较低。与国产大豆产量水平不断下降相比，大豆的需求量在不断增加。

随着我国经济的持续发展，居民的食物消费结构发生了重大变化：人们对主要粮食作物玉米、水稻、小麦的消费需求逐年减少，而对肉蛋奶及植物油的需求量逐年增加。中国的大豆压榨加工企业也发生了很大变化，2000 年，中国城镇居民家庭平均每人全年粮食消费量为 82.31 千克，肉蛋奶消费量 46.65 千克，食用植物油消费量为 8.16 千克；2011 年粮食消费量为 80.71 千克，肉蛋奶消费量为 59 千克，食用植物油消费量为 9.26 千克；2000—2011 年，中国城镇居民平均每人全年肉蛋奶消费量约增加了 27%，食用植物油消费量约增加了 14%。畜产品及植物油消费市场的扩大，促进了我国畜牧业和饲料行业的高速发展，对豆粕的需求不断加大，进而引起了大豆压榨行业的扩张。2000 年，中国大豆压榨需求量为 1890 万吨，之后逐年增加，2012 年为 6088 万吨，增加了约 20%。饲料需求量从 2000 年的 158 万吨增加到 2012 年的 185 万吨，增加了约 18%。中国大豆压榨行业发展迅猛，但是国内大豆供给量少，如 2010 年中国大豆产量为 1508 万吨，2011 年降为 1449 万吨，2012 年又降至 1290 万吨，大豆供需严重不平衡导致我国大豆进口贸易快速发展。此外，中国大豆中的蛋白、卵磷脂和异黄酮等物质对人体有保健作用，人们更加注重绿色、健康的生活品质，未来对大豆需求的增加将越来越明显。

（二）主要主产国大豆产业生产消费的演进过程

1992—2016 年，全球大豆产量增长迅速，从 1.17 亿吨增长到 3.29 亿吨，增长了近两倍。从世界范围来看，大豆产量最高的国家分别为美国、巴西、阿根廷，其产量之和占世界大豆产量的 87%。其中，美国是最大的大豆生产国，其产量约占世界大豆产量的 34%。美国大豆的高产量主要由于其种植面积大和单产高。从单位面积产量来看，美国是世界上大豆单产产量最高的国家，1992 年大豆的单位面积产量为 2530 公斤/公顷，2016 年，美国大豆的单位面积产量已经增加到 4750 公斤/公顷。美国也是世界上大豆种植面积居于首位的国家，2016 年，美国大豆的种植面积达 8460 万公顷，而全球大豆种植面积为 12036 万公顷，占全球大豆种植面积的近 70%。从整体的发展趋势来看，从 1992—2016 年美国大豆的产量在不断增加，但是未来有减少的趋势。

作为世界第二大豆生产国的巴西，其大豆的产量增加迅猛。1992—2016 年，巴西大豆的种植面积增幅高达 167%，2016 年巴西大豆的产量达到 1.029 亿吨。从巴西当前的政策调整及自然环境考虑，未来巴西很可能超过美国成为全球最大的大豆种植国。与美国和巴西相比，阿根廷的大豆生产量相对较少，2016 年阿根廷大豆产量为 200 万吨。尽管阿根廷也是大豆生产大国，但由于阿根廷所处的地理位置，其大豆产量会受到自然环境的约束。2016 年，阿根廷受拉尼娜现象的影响，大豆产量出现严重下滑，但未来大豆产量将有所增加。从需求的角度来看，随着经济水平的发展，生活条件的不断改善，大豆的高蛋白及高营养价值受人们所喜爱，使全球对大豆的需求不断增长。2016 年全球大豆消费总量达 3.18 亿吨，同比增长 5.74%，其中，美国是大豆消费需求最大的国家，占全球大豆消费量的 1/3；巴西、阿根廷大豆消费需求则仅占世界大豆消费需求的 17% 和 14%。此外，从各国消费需求结构来看，未来美国、巴西、阿根廷大豆消费量还将继续增加。

二 大豆产业政策的演进

（一）中国大豆产业政策的演进过程

中国在各个时期执行了不同的大豆产业政策，产业政策对大豆的种植业发展产生重要的影响。1999 年以前，中国一直采取国家收购政策，主要根据国家制订的计划价格来收购大豆，但是，由于受到各方面的约束和限制，对大豆种植产生的影响较小；2002 年，我国实施了良种优植计划。为推动该计划的实施，农业部编制了《优势农产品区域布局规划》和 11 个品种的区域布局规划，加大对这些农作物的经济投入、技术支持，加快实现规模化种植。大豆作为其中农作物之一，自该计划执行以来，其科技投入不断加大、单产水平有所提高，国际竞争力日益提升；2004 年开始，我国实行减免农业税及生产补贴政策，为配合农业税费改革，我国政府早在 2002 年就开始执行农业直接补贴政策。相关数据显示，国家对大豆的补贴力度相对较高，2002 年大豆补贴额高达 1 亿元，这在很大程度上提高了农民种植大豆的积极性。受农业直接补贴政策影响，2003年，我国大豆种植面积翻了一番。尽管我国豆农从直接补贴中获益，但是，由于大豆的生产成本相对较高，其种植面积并未增加，且受玉米等临时收储政策的影响，我国大豆的种植面积不断减少。近年来，大豆进口给我国大豆产业造成极大的冲击，我国也实时对大豆产业政策进行调整。2014 年，我国在黑龙江、吉林、辽宁及内蒙古自治区实施大豆目标价格补贴改革试点，在大豆市场价格基础上，国家事先确定能够保障农民获得基本收益的大豆目标价格，当大豆市场价格低于目标价格时，国家对农民进行差价补贴。大豆目标价格改革试点的实施，一定程度上保障了豆农的利益，利于大豆种植面积的扩大，进而提升大豆的国际竞争力。

（二）主产国大豆产业政策的演进

1. 美国的大豆产业政策

大豆作为美国重要的农业产业，一直以来受到美国政府的高度重视。为促进和保护大豆产业发展，美国政府对大豆实施较高的农业补贴政策。美国的农业补贴政策以定期公布法案的形式确立，从1996 年美国农业法案开始，大豆的补贴政策逐渐增多，主要包括直接补贴和一般服务性补贴，其中直接补贴对大豆贸易影响力最大。除较高的农业补贴政策外，美国对大豆的科研投入力度大，2000年，美国用于大豆的科研投入经费为 8700 万美元，2014 年科研经费投入达到 9800 万美元。美国对大豆科技投入的重视程度一直领先于其他国家。此外，美国农业采取农业合作社的经营形式，这种集约化、规模化的生产经营形式，有助于节约成本、稳定粮食的生产水平，进而有效地保障农民的种植收益。

2. 巴西的大豆产业政策

近几年，巴西大豆的种植面积、产量均不断增加。2015 年巴西大豆播种面积为 8120 万吨，较 2014 年增长 3%；大豆产量为 9970万吨，比上年增长约 3.6%。首先，源于巴西对大豆收购实施最低保护价，通过政府的有效干预，有效提高了农民种植大豆的积极性。其次，巴西对大豆的科研投入力度较大。巴西政府在很早就建立了国家大豆中心，为豆农提供了技术上的支持与指导。同时巴西以政府为主的科研体系，为本国大豆培育科研精英，研制开发适合本国生产且具有竞争力的新品种。适宜的科研方向有效地提高了大豆的单产水平，到 20 世纪后期，依托政府的科技投入，结合巴西本身的土壤和气候条件，巴西已经培养出 345 个以上的新品种。另外，巴西以农场联合的生产经营方式，不仅促进了巴西政府规模化管理、节约了大豆的生产成本，也有效地提高了大豆的单产水平。

3. 阿根廷的大豆产业政策

历史上，阿根廷对大豆产业政策支持力度较小，但从 1999 年实行市场化改革以来，阿根廷政府开始改变其农业产业政策，对大豆产业开始进行松绑，以创造良好的产业发展环境。1990 年，阿根廷综合自然条件等各方面因素引入了免耕法栽培大豆。这种耕作方式可以有效提升土壤有机碳含量和水含量，再配合与其他作物的轮作生产，大大提高了大豆的单产水平。阿根廷的相关研究显示，免耕法栽培实施后其大豆的单产水平要比以往提升至少 30%。阿根廷政府对大豆的科研投入力度也在不断加大。阿根廷政府最早设立了专门的大豆技术研究中心，主要致力于开发和研制高级技术设备，用于生产出更多高质量的大豆。近年来，阿根廷政府对大豆的质量标准进行了新的制定。其目的主要是鼓励豆农生产出更多"绿色大豆"。此外，政府还给予那些收购符合大豆质量标准的收购商一定的补贴，进一步从收购商入手来督促豆农生产出更多高品质大豆。新标准的实施有助于提升大豆的生产质量、提高其国际竞争力，进而有利于阿根廷大豆的出口。

结合美国、巴西和阿根廷三国来看，不管是美国的传统优势还是巴西和阿根廷的迅速崛起，与其政府的大力支持是密不可分的。近几年来，中国对大豆实施的多项产业政策，主要是为了促进国内大豆种植业的发展，解决中国大豆及相关产品的进口需求问题。但从实际效果来看，由于总体投入力度和补贴力度较小，且中国大豆种植者是以个体农户为主，因此，其收效甚微，对于提高中国大豆的国际市场竞争力的作用不明显。

三　大豆贸易政策的演进

（一）中国大豆贸易政策的演进过程

在不同发展时期，中国大豆的贸易政策有所不同，1995年以前，根据我国市场供求状况对大豆进口贸易实行关税配额，然而，从1996年开始，国内大豆需求增长加快，为了满足国内大豆的需求缺口，我国暂时取消了大豆进口关税配额，并将关税降到3%；1999年，我国取消了大豆进口配额关税，决定实行3%的单一税率制度。2001年中国正式加入世界贸易组织，大豆市场开放成为当时谈判的关键。中国正式承诺取消大豆进口配额，实行单一的进口关税约束政策，种用大豆进口关税率为0，黄大豆、黑大豆、青大豆以及其他大豆关税税率均为3%。这一政策的实施有利于中国大豆进口市场的发展，也为中国农产品贸易发展带来了新契机。随后，我国对大豆加工市场进口贸易政策也进行了改革，对油料市场中的油料、植物油进口关税放低，逐步实现了油料市场的贸易自由化。开放的贸易市场、自由的贸易环境，为大豆及其相关制品进口带来了便利。从此，中国大豆进口不断增加，2001年中国大豆进口量为1393万吨，到2016年中国大豆进口已高达8600万吨。15年间，中国大豆进口量增长了5倍多。

（二）大豆主产国的贸易政策

目前，美国是世界上第一大大豆生产国、第二大大豆出口国。美国每年大豆生产量约占世界的32%，出口量约占产量的35%。巨大的大豆产量和出口量，主要得益于美国政府一直以来对大豆的政策支持。为鼓励大豆及其相关制成品的出口，美国政府出台了出口促进项目，主要包括出口信用保证项目、市场准入项目及国外市场发展项目。其中，出口信用保证项目成为目前美国最大的农产品出口项目，它既可以保证农产品出口商及时获得销售款项，又可以使农产品进口商获得具有竞争力的赊销条件。此外，美国凭借其强大的经济实力和优越的大豆出口地位，在进出口关税以及壁垒问题上，坚持各国必须全面放开大豆及其相关产品的贸易管制，降低关税和非关税壁垒，让更多的国家实现大豆及相关产品的贸易自由化。

巴西的贸易政策。为鼓励农产品出口、提高农产品在国际市场上的竞争力，巴西政府出台了多种贸易政策措施。其中出口补贴政策和出口信贷支持政策是当前最为重要的出口促进政策。出口补贴政策即巴西政府给予农产品出口商现金补贴或财政上的支持，主要包括直接补贴和间接补贴。直接补贴是指巴西政府直接向出口商提供现金补贴，间接补贴则是指政府通过出口退税的方式进行补贴。出口信贷支持政策是巴西政府在 1999 年颁布实施的出口资助计划项目，通过资金资助和补贴资助两种方式进行。资金资助计划是指巴西政府向出口商提供资金支持，资金偿还时间取决于商品价值量，偿还时间低于两年，政府向出口商提供商品价值量 100% 的资金支持，偿还时间超过两年，则政府提供商品价值量 85% 的资金支持。补贴资助是指巴西政府根据出口企业的经营状况提供贷款利息补贴，其中最低补贴额度占商品价值量的 60%。

阿根廷的贸易政策。与美国和巴西相比，阿根廷通过以下政策措施为农产品贸易提供便利：第一，口岸政策。阿根廷在口岸政策方面的措施主要包括降低大豆出口关税和各种检查费用，以及对农产品生产资料进口给予优惠。降低出口关税及各种检查费用，有助于提高阿根廷农产品出口价格优势，进而增强其出口竞争力；降低或取消农产品进口生产资料关税，有助于间接提高生产者和贸易商的利润收益，从而更有效地促进本国农作物的发展。第二，出口促销计划。阿根廷政府在出口方面制订一系列出口促销计划，能够鼓励相关企业积极参与国际市场交易，进而带动整个产业良性发展。

第四节　全球大豆产业发展对我国的启示

　　纵观全球大豆生产与贸易发展的历史格局，中国大豆的市场格局在历史发展的进程中发生了巨大的改变：1996 年，中国经历了由净出口国向净进口国的转变；2001—2010 年，其大豆进口数量占世界大豆进口总量的 50% 以上，中国稳居世界第一大豆进口国；2011—2016 年，中国大豆进口数量占世界的 62.3%。2016 年以来，中国加大了对农业供给侧结构性改革的力度，将农业的种植结构进行调整。玉米的高库存，势必将减少玉米的种植面积，这对增加大豆种植面积提供了新机遇，也是改变全球大豆贸易新格局的契机。在科技高速发展的今天，未来中国大豆的产量将大幅增加，中国大豆进口格局的改变将对全球大豆贸易的新格局产生深远的影响。据统计，中国进口大豆的来源为美国、巴西、阿根廷等主要大豆贸易出口国家，因此中国大豆进口格局的转变也将对美国、巴西、阿根廷等大豆贸易国的出口贸易格局产生深远的影响。结合以上分析，借鉴国外先进经验对我国大豆产业发展的启示，以下从三个方面阐述了如何提高中国国产大豆产量，改变大豆进口环境，从而对世界大豆贸易进出口格局产生一定的影响。

一　大力推进农业供给侧结构性改革

　　中国是世界第一大进口国，进口数量连年增长，因此，中国大豆进口数量的变化，将对世界大豆贸易格局的变化起到至关重要的作用。当下中国大豆的生产呈现利好的趋势。国外较低价格的粮食供给对国内粮食的生产造成冲击，损害了广大农民的利益。玉米的大量种植，造成玉米高库存，因此降低玉米库存，增加大豆产量成为中国农业供给侧结构性改革中的重要工作，从而达到降低玉米的库存，增加大豆产量的目标。根据数据分析，中国大豆的生产、加工、消费、贸易总体上呈现不断增长的趋势。大豆的生产从种植面积、单产及产量方面看，中国大豆的种植面积较少，同时缺少适合种植大豆的土地，总产量不高，单产收益低于玉米等其他粮食作物的单产利润。因此，在国家加大农业供给侧结构性改革的情况下，增加大豆产量成为中国调整农业种植结构的关键一步。

为增加大豆产量，首先，要调动农民种植大豆的积极性，加大对国家农业政策的宣传及解读，引导经营主体对即将发生的状况早做准备，及时调整种植结构。多数农户缺乏对国家新出台的农业政策的了解，与此同时，市场信息的不流通造成在结构性调整的当下，仍有大部分农户选择成本较低，而收益相对稳定的玉米进行种植。因此加大对农户关于农业政策的宣传及解读，能够及时帮助农户了解国家农业政策的导向，从而为增加农户的收益，调整农业种植结构做铺垫。

其次，土壤的种植环境将决定大豆种植面积的多少，因此要积极主动地改善土壤的种植环境，增加大豆种植的可用土地。由于种植作物的结构性失衡造成土地贫瘠，营养成分流失，而这将对提高大豆产量产生一定的影响。因此，改善土壤环境，成为增加大豆产量必要的准备工作，大豆本身就是一种能够改善土壤环境的作物，所以在农业供给侧结构性改革力度加大的当下，势必要增加大豆的种植面积，减少玉米的种植，改善土壤环境。同时在加大大豆种植面积的情况下，应加大对大豆规模化，机械化种植及收割，减少大豆损耗。

再次，加大对大豆的科研投入，提高对大豆的种子、栽培技术、转基因技术的研究能力，重点发展高蛋白大豆。大豆进口数量的不断增加，对我国食用蛋白安全造成了一定的影响。国外进口大豆主要用于压榨，生产豆油和饲用豆粕，中国国产大豆为非转基因大豆，具有高蛋白含量，而且热量低，可以直接食用。因此对大豆高蛋白豆种的研究也是农业结构调整中重要的一步。

最后，稳定国内大豆市场价格，完善大豆目标价格补贴政策，合理确定大豆目标价格，最终达到保障农民的收益，增加豆农种植大豆的信心，从而增加大豆产量及收益的目的。

二　制定合理的大豆贸易政策

合理的关税政策是改变中国大豆进口格局的手段之一。中国的关税政策与大豆产业发展现状不相匹配，中国加入世界贸易组织时以牺牲大豆进口关税为条件，这对现阶段中国大豆产业发展具有重大影响。因此应该采取合理的关税政策，改变中国大豆进口贸易格局，从而改变世界大豆进出口贸易格局。

中国关于大豆贸易保护政策经历了由增加配额到降低大豆进口关税的过程。1995 年，大豆进口配额取消，国家根据需求临时决定大豆进口配额的多少。1996 年，中国暂时取消了大豆进口配额的贸易保护政策，同时将大豆进口关税由 114% 降到 3%；1999 年，中国取消了大豆进口配额的贸易政策，实行 3% 的单一关税政策；2001 年中国加入世界贸易组织，并承诺正式取消大豆进口配额，同时实行单一的关税政策，对中国大豆进口征收 13% 的增值税。

2007—2008 年，中国为降低国内大豆制品的价格，暂时将大豆进口关税由 3% 降到 1%，这一决定表面上是为缓解国内大豆压榨企业的压力，降低进口大豆的价格，从而为企业减轻负担，但实际上由于中国大豆进口关税的降低，使国际市场认为中国将有增加大豆进口的需求，因此这一做法导致国际大豆价格上升，在实质上并没有减轻国内加工企业的负担，反而增加了企业的压力。

中国加入世界贸易组织以后，在缺乏关税保护的作用下，中国大豆的种植效益降低，国内的政策支持不能改善大豆过量进口所带来的影响。因为在进口量比较大的情况下，关税水平直接影响国内同类产品的市场价格，同时大豆需求的刚性增长以及国内外成本相差较大，3% 的单一关税对中国大豆进口的调控作用力度较小。因此通过以上对大豆贸易政策的了解，中国需要采取合理的大豆关税保护政策，改善中国作为第一大进口国的贸易竞争格局。

三　加强双边合作与投资力度

土地的稀缺及土壤环境的恶化，造成国内适合种植大豆的土地资源缺少，而国外有很多尚未开发的土地可以利用。"一带一路"倡议促进了中国与周边国家的经济发展，因此，在双边国家经济友好往来的基础上，加大对双边国家的农业投资的发展力度，促进双边国家进行土地要素稀缺与富裕的优势互补，在国外建立大豆生产基地。这样，不仅能够将丰富的土地资源进行有效利用，同时也能带动双边国家第一产业的发展，共创双赢。

中国进口大豆的控制权多数掌握在外资企业手中，因此中国企业掌握大豆进口控制权，这将改变未来大豆的进口来源。首先加大对拥有丰富土地资源、良好种植大豆土壤环境的国家，进行农业投资。以中国进口小麦、玉米、水稻为例，根据《中国商务年鉴》的数据，中国主要进口的粮食包括水稻、大豆、小麦和玉米这四种粮食作物。据了解，在已知的我国海外农作物种植中，小麦、玉米和水稻这三种粮食的世界产量呈现如下三种特点：首先，虽然三者的世界产量在过去的近十年中整体来看并无大幅下降，但增长率较小，大部分年份的增长率低于4%；其次，相对于2002—2004年的较大增幅，近年来，三种作物世界产量年增长率呈现平稳的趋势；最后，三大作物的年产量波动加大。由此可以看出，中国海外农作物种植有利于提高我国稀缺粮食作物的世界产量，有利于改善进口环境，所以增加大豆的海外种植有利于改变国内大豆的进口环境。

其次，国外多数国家虽然拥有优越的土壤环境，但生产技术相对落后、生产设备比较陈旧、规模化及机械化发展较慢，因此在对外农业投资的过程中，不仅要加大对农业基地的建设，也要加大对农机设备和生产技术的投入。俄罗斯远东地区拥有大面积闲置的农业土地，是值得投资的目标地区。该地区土地租金低廉；生产成本较低；其土壤主要是黑土，有机含量高；土地比较集中，多为平原，有利于机械化种植，因此具有很大的农业投资价值。但该地区农业投资环境相对较差，需要加大对农业基础设施建设方面的政策、农业资金及技术的支持。以俄罗斯远东地区为例，该地区农业基础设施建设薄弱，导致俄罗斯农工综合体每年损失高达2000万吨的粮食。收割和播种设备不足，使农场无法在最佳时间完成所需工作，从而导致产品损失，企业利益受损。因此需加大对海外种植目标市场基础设施建设的投资，从而加大对双边国家丰裕土地的利用，优势互补。

最后，在加大对目标国家农业投资的前提下，增加大豆产量，有助于改善中国大豆的进口结构，从而改善中国大豆进口的贸易格局，进而对世界大豆进出口贸易格局产生深远影响。

本章小结

本章对全球大豆产业的生产格局、进出口贸易格局的演变过程进行了深入分析与探讨，并从生产消费、产业政策和贸易政策等角度对全球大豆产业市场格局的演进逻辑进行了分析，对影响全球大豆市场格局的原因进行了探讨。在此基础上，本章结合上述分析结果，同时借鉴国外先进经验对我国大豆产业发展的启示，阐述了如何提高我国大豆产业的产量、改善大豆进出口环境等问题，总结出推进农业供给侧结构性改革、制定合理的大豆贸易政策以及加强双边合作与投资力度等方面的启示，以期为我国大豆产业的发展提供参考。

第四章　中国大豆生产困境分析

1992 年以前，中国大豆的年需求量稳定在 1000 万吨以下，大豆国内生产与消费能够基本保持平衡。随着大豆国内需求的快速增长，2002 年以来，国内大豆生产已经无法满足国内日益增长的消费需求，中国大豆生产陷入困境。中国大豆生产要素投入严重不足，表现为土地资源匮乏、资金投入量较少、从业人员水平较低及科技要素投入有限；中国大豆生产效率低下，产能下降，生产成本过高，参与国际竞争处于明显劣势。

第一节　中国大豆生产要素投入不足

一　土地资源

中国地大物博，耕地资源丰富，但是，大豆播种面积有限。目前，我国大豆的种植主要集中以下几个区域：一是东北三省，主要种植春大豆；二是黄淮流域，主要种植夏大豆；三是长江流域，主要种植春、夏大豆；四是江南各省的南部，主要种植秋大豆；五是两广和云南的南部，此区域属于大豆多熟区。除上述地区外，我国其他地区大多受气候、土壤、温度等自然条件约束，不适宜种植大豆，因此能够用于种植大豆的土地资源较为匮乏。

如表 4-1 所示，2014 年，我国大豆播种面积为 679.99 万公顷，而 2014 年玉米播种面积则达到 3712.34 万公顷，是大豆播种面积的将近 5.5 倍；2014 年，小麦种植面积为 2406.94 万公顷，是大豆播种面积的近 3.5 倍；2014 年，稻谷种植面积为 3030.99 万公顷，是大豆播种面积的近 4.5 倍。中国实则为土地资源相对匮乏的国家，而大豆又属于土地密集型产品，因此，我国大豆生产的自然禀赋并不优越。

表 4-1　　　2011—2015 年中国主要农作物种植面积　单位：万公顷

年份	稻谷	小麦	玉米	大豆
2011	3005.70	2427.04	3354.17	788.85
2012	3013.71	2426.83	3502.99	717.11
2013	3031.18	2411.73	3631.84	679.05
2014	3030.99	2406.94	3712.34	679.99
2015	3021.57	2414.14	3811.93	495.00

资料来源：国家统计局。

二　资金投入

大豆产业的投资主要集中于生产、加工环节，首先分析大豆加工环节的投资。一方面，我国对国外大豆依赖较大，加上四大跨国粮商控制着国际市场上大部分的大豆贸易，使我国在大豆定价方面处于被动地位，国际粮商对我国大豆加工企业的收购使国内企业受到极大冲击；另一方面，大豆等农产品加工业的投资风险大，风险来源于资产的专用性。资产的专用性是指在不牺牲其生产价值的前提下，某项资产能够被重新配置到其他替代用途的程度。因此，对于大豆加工企业来说，大型设施一旦购买就希望得到充分利用，否则企业要承受巨大损失；由于大豆加工业的投资风险具有多样性、复杂性，因此中国对大豆产业加工环节的投资十分匮乏。截至 2009 年 4 月底，我国大豆加工业企业有 99 家，其中，66 家企业都掺有外资，并且外资所占份额较大，其加工总量占全国加工总量的 80%

以上。在此局面下，国内大豆加工业不仅融资困难，还面临与外资控股企业的竞争问题，因此通过投资加工业提升大豆国际竞争力的难度较大。

其次，分析对于大豆生产环节的投资。通过对生产环节的投资，可以降低大豆种植成本，同时增加大豆种植者的收益，从而刺激大豆产量的增加，保障我国大豆产业安全。立足长远，产量的提高是提升我国大豆国际竞争力的必要条件。生产环节的投资主要集中于以下三个方面：一是对于农业器具的投资；二是对于基础设施的投资建设，如灌溉设施；三是购买大型机械以期提高大豆的生产效率，从而提高产量。上述投资的主体主要是地方政府，也可以通过招商引资、招标的形式将生产环节的投资外包给承包商。

三 从业人员

我国大豆的种植主要集中在农村地区，主要依靠农民进行生产，但因城乡收入差距大，使大量年轻、有知识的劳动力选择在城里谋求一份工作，造成农村劳动力的平均素质降低。

(一) 人口老龄化、妇女化

由于大量的年轻劳动力从农村转移到城市，我国农村65岁以上老人占15岁以上人口的比重呈现不断上升的趋势，农村劳动力结构趋于老龄化。非农劳动力市场存在歧视女性的现象，使女性就业的难度高于男性。另外，已婚妇女为了照顾老人和孩子，会选择留在农村务农，这造成了农村劳动力结构趋于妇女化。然而，大豆等农作物属于劳动密集型产品，其生产活动需要身强力壮的劳动力，因此，老龄化和妇女化趋势将会阻碍大豆等农作物的生产。

(二) 劳动力文化水平低

随着城市化进程的推进，城市里的就业机会大大增加，这更加利于个人的发展，因此，农村有文化的劳动力更倾向于去城市就业，使大豆等农作物的生产活动将不得不趋于文化水平低的劳动力。然而，大豆竞争力与劳动力的文化水平有着显著的相关性，因此，劳动力文化水平低将不利于我国大豆国际竞争力的提升。

（三）专业素质较低

虽然我国是劳动力丰裕型国家，但是，绝大部分劳动力属于体力型，专业素质较低，生产活动主要集中在简单、低水平和低技术含量的生产领域。我国劳动力缺乏市场预测能力，无法根据市场供求信息进行农业生产，盲目耕种，容易造成"谷贱伤农"的局面。因此，提高劳动力专业素质是提升大豆产量的必由之路，更是摆脱大豆供给困境的关键环节。

（四）劳动力心理状态

由于身体强壮、知识水平较高的劳动力前往城市就业，农业生产活动只能依靠妇女以及年老体衰的老人。然而，留守老人长期不能与外出工作的儿女见面，内心充满思念和孤独，而留守妇女由于没有丈夫的照顾和关爱，情感需求得不到满足，自己独自面临苦闷、乏味的农业生产，内心极其痛苦，这些都将影响生产的积极性，从而影响大豆产量，进而阻碍大豆产量的提高。

四　科技投入

大豆的主要用途是制作豆油和蛋白类食品，但国产大豆的出油率要远远低于进口大豆，因为国外使用的豆种——转基因大豆具有出油率高的特点，而中国使用的是出油率相对较低的非转基因大豆；由于中国大豆品质相对处于劣势，且存在加工不够精细、技术标准不高等问题，同时包装工艺与进口大豆存在较大差距，因此我国的大豆很难与国际大豆进行竞争。

随着世界农业竞争的加剧，我国大豆产业也面临严峻的挑战，主要表现在产品价格比较优势和定价权的丧失，目前，我国大豆价格已经超出国际水平的20%，面对激烈的国际市场竞争，我国必须采取各种手段增加大豆单位产量和总产量，从而提高我国大豆市场占有率，为提升大豆国际竞争力提供有利条件。然而，使用更先进的、适合大规模农业生产的农业机械是提高大豆生产力水平的重要方式之一。

从培育技术上看，据调查，目前我国主要的大豆耕种技术包括"深窄密"高产配套栽培技术、"高垄平台"大豆机械化生产技术和机械化大豆"三垄"栽培技术。另外，还有一些先进的机械，例如大豆脱荚机、剥壳机等。但是，我国的培育技术与大豆主产国的差距还较为明显。

从收割技术上看，我国机械化水平和美国、巴西和阿根廷有较大差距。我国使用的收割工具为低科技含量的收割机，其收割效率低下，不适合大面积收割。而大豆主产国美国、巴西和阿根廷拥有大型收割机，适合于大面积农作物收割。显然，通过使用高科技的收割机可以节省时间，降低成本，提高大豆的竞争力。

因此，提高机械化、科技化水平是提高大豆产量的必要条件，也是助推我国大豆走出供给困境的重要方式之一。

第二节　中国大豆生产效率低下

近年来，中国大豆的种植面积不断缩减，大豆生产在粮食生产中的地位正在逐渐下降。受农业供给侧结构性改革的影响，2016 年我国大豆的种植面积略有增加，大豆产量与 2015 年相比增加了 115 万吨，但是我国的大豆产量仍明显低于加入世界贸易组织之前的年均产量水平。原因在于目前我国大豆产业的单产水平和生产效率均较低，本节将对我国大豆产业的生产效率展开深入分析，进而揭示导致我国大豆生产效率较低的深层次原因。

一　评价模型与研究思路

（一）理论基础

本节从大豆生产效率出发对我国大豆生产展开实证研究，主要的理论基础包括生产率理论、技术效率理论等。

关于生产率的理论较为繁杂，包括单要素生产率理论、多要素生产率理论、全要素生产率理论，这里使用的是全要素生产率理论，简称 TFP 理论。该理论最早是由西方经济学家提出的，美国的罗伯特·索罗（Robert M. Solow）在 1961 年将其正式应用于实际经济问题。我国对 TFP 理论的研究开始于 20 世纪 80 年代左右，经历从学习、吸收国外理论，到开始思考该理论的定量测算规范化，再到发展、改进和具体应用几个阶段。技术效率理论是对大豆生产效率研究的关键理论，前文已经和生产率进行了对比分析。

（二）大豆生产效率评价模型

在政府的宏观调控下，我国的经济得到了稳定的发展，大豆生产要素规模趋于稳定。基于上面理论和方法，VRS 假设的 BCC 模型比较符合模型的应用环境，因此，本节将选择 VRS 假设的 BCC 模型对我国大豆生产效率进行测量。本书从大豆生产产出的视角建构 BCC 模型，并对其影响因素进行分析。具体模型采用的是科利（Coelli）在 1996 年提出的模型：

$$\max(z_{j0}) = \varphi_0$$

$$\text{s. t. } \sum_{j=1}^{n} \lambda_j X_{ij} \leqslant X_{ij0}$$

$$\sum_{j=1}^{n} \lambda_j X_{rj} \geqslant \varphi_0 Y_{rj0}$$

$$\sum_{j=1}^{n} \lambda_j \leqslant 1$$

$$\lambda_j \geqslant 0; r = 1, 2, \cdots, s; i = 1, 2, \cdots, m; j = 1, 2, \cdots, n$$

（三）我国大豆生产效率评价思路

本章主要采用计量模型的方法对大豆生产效率展开实证研究，具体思路如下：

首先，对样本和指标选定，中国大豆的主产区是东北平原、四川盆地和内蒙古河套平原，其中，东北平原主要集中在黑龙江产区，河套平原主要集中在河南产区，几个主产区的数据分析集中通过国家统计数据和《中国统计年鉴》等数据发布平台进行发布。本书从这些产区中随机抽取了600家大豆种植户的样本数据进行统计分析；并选择合适的生产效率指标。

其次，使用 DEA 中的 VRS 模型对大豆生产效率进行评价和评估，使用多元线性回归模型和样本选择模型对其影响因素进行回归分析。

最后，根据分析结果，对我国大豆效率进行分析，对大豆产业未来发展趋势进行预测，并提出对策和建议。

在具体的模型建构中使用的软件是 Frontier 和 Deap，统计分析软件使用 SPSS 和微软 Excel。

二 评价方法的选择

（一）DEA 分析法

DEA 分析即数据包络分析，通常用来对相对效率进行评价。该方法广泛应用于各类事务、机构的运行效率中，能够对其生产投入产出进行综合分析，对影响因素进行指标决策分析，为评价者和决策者提供参考依据。本书 DEA 评价模型选用的是考伯等在1985年提出的效率评价模型，他们将生产技术效率用技术、规模效率来表示，并提出了 VRS 可变规模报酬假设，具体思路如下：

假设存在 N 个 DMU_i =（i = 1，2，…，n），对于每个 DMU 都存在投入和产出，它们的种类分别为 p 种和 q 种；向量 X_i 表示 i 个 DMU 的投入总值，向量 Y_i 表示 i 个 DMU 的产出总值，则 VRS 模型为：

$$\min\left[\theta_v - \varepsilon(e_1^T SA + e_2^T SB)\right]$$

$$\text{s. t.} \sum_{i=1}^{n} \lambda_i X_i + SA = \theta_v X_0$$

$$(D_\varepsilon^v) \sum_{i=1}^{n} \lambda_i Y_i - SB = Y_0$$

$$\sum_{i=1}^{n} \lambda_i = 1$$

其中，$\lambda_i \geq 0$，i = 1，2，3…，n，$SA \geq 0$，$SB \geq 0$；X_0 表示 *DMU*

的投入向量，Y_0 表示 DMU 的产出向量；SA 和 SB 即为其结构调整的松弛变量，如果规划中的 D_ε^v 下的所有最优解等于 1，SA/SB 均为 0，则此时的 DMU 的生产技术是有效的；如果规划中的 D_ε^v 下的所有最优解等于 1，SA/SB 不为 0，则此时的 DMU 是弱有效的。由此可以通过观测大豆的生产活动（X_1，Y_1）来确定集合，判断 DMU 的有效性。此时的生产可能集合即为：

$$T_v = \{ (X, Y)：产出 Y 可由 X 生产出来\}$$

在上面的 VRS 假设下，DMU 的生产效率评价还要考虑产出角度下的技术效率度量问题，即前面的假设是基于产出不变的情况下生产的投入向量变化；投入角度的效率度量即径向效率，此时度量的效率也称为纯技术效率，用 TEL $= 1/av$ 来表示。

同样，在 VRS 假设条件下，产出角度下的 DEA 模型为：

$$\max[a_v + \varepsilon(e_1^T SA + e_2^T SB)]$$

$$s. t. \sum_{i=1}^{n} \lambda_i X_i + SA = X_0$$

$$\sum_{i=1}^{n} \lambda_i Y_i - SB = a_v Y_0$$

$$\sum_{i=1}^{n} \lambda_i = 1$$

其中，$\lambda_i \geqslant 0$，$i = 1$，2，3，$\cdots$，n，$SA \geqslant 0$，$SB \geqslant 0$。其中，通过该模型可以得到 $(a_v)^{-1}$，即纯技术效率水平。

（二）Tobit 分析法

为了解决进行最小二乘法时带来的结果不一致现象，科利等在 1998 年提出了 Tobit 模型分析法，即使用 DMU 效率作为因变量，使用相关的影响因素作为自变量构建回归模型，并进行回归分析。Tobit 模型本身是截断模型的一种，需要找清截点所在的位置，具体是：

假设当前截点临界为 M_i 该截点随着 DMU 的改变而改变，且截取是随意的，不同方向的；当从上侧和右侧进行截取时，回归模型为：

$$y^* = \beta'x + \varepsilon$$

$$y = \min(y^*, \; m_i)$$

当从下侧或者左侧进行截取时的回归模型为：

$$y^* = \beta'x + \varepsilon$$

$$y = \max(y^*, \; m_i)$$

当从两侧同时进行截取时：

$$y^* = \beta'x_i + \varepsilon_i$$

$$y_i = \begin{cases} L_{1i} & y_i^* \leqslant L_{1i} \\ y_i^* & L_{1i} < y_i^* < L_{2i} \\ L_{2i} & y_i^* \geqslant L_{2i} \end{cases}$$

其中，y_i^* 是潜在变量，y_i 是被解释变量，x_i 是解释变量，β' 是回归系数变量，ε_i 是正态分布下的独立残差项。

依据上面的模型，对我国大豆生产效率影响因素进行模型的构建，如下所示：

$$BE_j^* = \alpha x_j + \varepsilon_j$$

$$BE_j = \begin{cases} BE_j^* & 0 < 0BE_j^* \leqslant 1 \\ 0 & \text{其他} \end{cases}$$

其中，$j = 1, 2, \cdots, 24$；BE_j 为大豆生产效率值，x_i 为对应的影响因素；BE_j^* 为潜在的大豆生产效率值；α 为待估系数。

三　评价指标选取与数据处理

（一）评价指标选取

研究大豆产业的生产效率，需要确定生产效率评价指标。参考相关研究，本书研究大豆生产效率评价指标包括大豆的产出指标、大豆投入指标、全要素生产指数指标、规模变化指标等。

全要素生产指标是衡量投入和产出比例的指标，受综合因素的影响，本书认为，该生产指标可以分为生产技术效率和技术进步两个指标；其中，技术进步指标是新技术在大豆生产中的应用，通过技术革命和技术革新提高大豆产业链各环节的变化，该指标主要通过定性数据来反映，如当前的生产技术水平、劳动者素质等；生产技术效率指标前面在生产效率概念界定和分析中已经阐述，可以从投入和产出两个角度进行评定。

规模效率变化指标是指大豆的收益效率，通常用大豆的规模收益和大豆的规模成本比例来表示。

大豆产业投入与产出指标如图4-1所示。大豆产业的投入大体可以分布其中，即大豆的耕种面积、人工成本、种子成本、化肥费用、用工费用、土地成本以及其他或者间接的费用。由于部分数据获取较为困难以及统计的问题，结合相关研究和大豆作为农产品本身的特点。这里选择资金、劳动力和生产资料三部分作为大豆的投入指标，其中资金投入包括图4-1中的人工、土地和用工费用；劳动力的投入以每公顷的用工数量作为研究指标；生产资料的投入选择可统计的耕种面积和每公顷化肥投入作为研究指标。

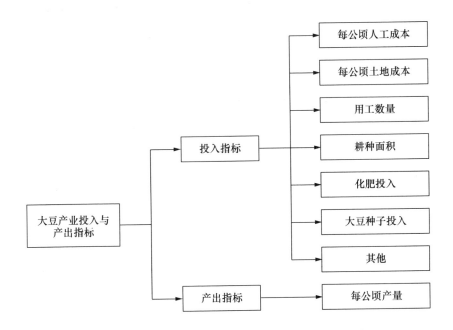

图4-1　大豆产业投入与产出指标

选择每公顷的大豆产量作为大豆的产出指标数据。同时为了去除不利于数据处理和统计分析的因素，本书采用价格平减等方法予以剔除。

（二）样本数据处理

本书研究样本相关数据来自国家统计局数据库和《中国统计年鉴》，为了使选择的数据更有现实意义和历史意义，这里选择2000—2015年大豆相关数据作为样本数据；并从这些数据中抽样选取了500个农户的大豆生产数据作为样本数据用于数据分析。

根据非参数的 DEA 分析方法，中国大豆的主产区是东北平原、四川盆地和内蒙古河套平原，其中东北平原主要集中在黑龙江产区，河套平原主要集中在河南产区，几个主产区的数据分析集中通过国家统计数据和《中国统计年鉴》等数据发布平台进行发布。本书从这些产区中随机抽取了500家大豆种植户的样本数据，将国内大豆的耕种面积和人工数量进行聚类分析，聚类分析的方法采用的是层次聚类法，即将数据中抽取的500家样本用户数据采用 SPSS 的层次聚类分析法进行聚类，结果如表4-2所示。

表4-2　　　　　　聚类后的大豆产业投入产出情况

序号	规模区域（亩）	产出		投入	
		产量（斤）	土地（亩）	劳动（天）	资金（元）
1	0—4.5	1123.1	2.28	181.04	679.25
2	4.5—6	2579.64	5.23	208.99	1245.57
3	6—10	6323.11	8.79	206.24	2541.27
4	10—17	9456.59	14.87	228.12	4245.65
5	17—23	9461.25	20.01	278.15	5048.15
6	23—27	12587.25	24.58	418.2	7706.66
7	27—30	15024.68	28.54	324.585	9032.52
8	30—35	18025.66	32.55	311.57	9325.47
9	35—40	18022.44	36.48	275.55	9420.25
10	40—45	23514.01	42.54	298.7	9785.54
11	45—50	26751.44	47.24	305.74	10021.55
12	50—60	27544.24	56.89	254.24	10121.89

如表 4－2 所示聚类后的大豆投入产出可知，所抽取的样本被分为 12 种大豆种植面积区域，投入产出即为该区域内的平均值，从表中的数值变化来看，大豆的总产量与资金的投入变化大体相同，劳动投入随着大豆更低规模的变化整体上是先增后降的趋势，主要原因在于规模种植中逐渐开始采用先进的机器设备和生产技术，节省了劳动成本。

四　中国大豆产业生产效率实证结果分析

（一）中国大豆产业生产效率的测算

采用 DEAP 软件对大豆生产的技术效率、规模效率和纯技术效率进行测算，具体测算结果如表 4－3 所示。

表 4－3　　　　　　　产出角度下的大豆生产效率

序号	规模区域（亩）	CRSTE（技术效率）	VRSTE（纯技术效率）	SCALE（规模效率）	规模报酬
1	0—4.5	0.874	1	0.874	IRS
2	4.5—6	0.861	0.956	0.901	IRS
3	6—10	0.864	0.885	0.954	IRS
4	10—17	0.845	0.864	0.984	IRS
5	17—23	0.824	0.846	0.997	IRS
6	23—27	0.897	0.902	0.994	IRS
7	27—30	0.903	0.906	0.995	IRS
8	30—35	0.965	0.964	0.998	IRS
9	35—40	0.994	1.000	0.994	IRS
10	40—45	0.968	0.970	0.999	IRS
11	45—50	1.000	1.000	1.000	—
12	50—60	1.000	1.000	1.000	—
平均		0.905	0.937	0.858	—

（二）中国大豆产业生产效率测算结果分析

如表 4－3 所示，大豆生产效率可知，当前样本数据中技术效率、纯技术效率和规模效率的值分别为0.905、0.937、0.858，由此可知，国内产区的大部分大豆种植中如土地成本、劳动力成本等都没有得到有效的利用或者说是存在资金浪费的现象。这种现象的主要原因有两个方面：一是新大豆生产技术还没有被大豆种植户充分地利用，造成了单位成本的效益得不到最大化；二是国内农户的生产规模效率偏低、还没有形成大面积的种植和生产；此外，在12个产区中，序号1（0—4.5）和序号9（35—40）的规模生产效率均小于1，但是，纯技术效率都大于1，说明这两个产区的投入成本等都得到了充分的利用，但是，规模效率没有得到最优水平。

从整体上看，表4-3中的12个产区中，随着规模的增加，大豆生产效率整体呈先降后升的发展趋势；当生产规模在27亩以下时，大豆的生产技术效率均不高于0.9，说明27亩的规模过小；当生产规模高于27亩时，生产效率均超过了0.9，虽然没有达到最优水平，但是，技术效率和规模效率都呈现出良好的态势；当规模达到了45亩以上时，表中数据显示技术效率达到最优化水平。

此外，采用非效率的DMU对大豆的投入产出进行调整，如表4-4所示。

从产出角度对大豆生产的投入和产出进行了调整，差额数据显示，对于非效率规模的大豆规模产区来说，土地方面的投入无须调整，主要是其他投入影响了生产效率。对于序号1（0—4.5）和序号9（35—40）的规模生产来说，技术效率方面几乎没有损失，但是，由于生产规模相对较小，生产效率不高，可以通过扩大生产规模来提高生产效率；而对于非效率规模的大豆规模产区，除序号10（40—45）外的其他大豆产区均进行了劳动投入的调整，其中序号6（23—27）规模产区减少了172.135天，其他产区的资金投入也都进行了负向调整；产区中资金投入减少2000元以上的有3个，经过调整后的产区生产效率都得到了增加，其中序号5（17—23）产区生产效率增加最高。

表 4 - 4　　　　　产出角度下非效率 DMU 投入产出调整

规模区域（亩）	土地投入（亩）	劳动投入（天）	资金投入（元）	产出（斤）
	差额	差额	差额	数量
0—4.5	0	0.000	0.000	0.000
4.5—6	0	- 20.854	0.000	100.154
6—10	0	- 5.412	- 512.544	565.387
10—17	0	- 13.102	- 1197.25	1102.032
17—23	0	- 54.921	- 688.754	1765.22
23—27	0	- 172.135	- 2423.055	1351.25
27—30	0	- 62.357	- 2701.578	1526.55
30—35	0	- 41.257	- 2258.155	629.56
35—40	0	0.000	0.000	0.000
40—45	0	0.000	- 482.553	732.266
平均	0	- 37.5697	- 1024.63	648.644

五　中国大豆产业生产效率影响因素分析

（一）变量选取与处理

为了便于对大豆生产效率影响因素进行分析，本书借鉴已有的研究成果，并将研究结论进行了总结，在此基础上选取 18 个解释变量和 1 个被解释变量开展相关研究，变量情况如表 4 - 5 所示。

由于表 4 - 5 的变量过多，此处采用相关性分析对其进行合并，最终变量如表 4 - 6 所示。

（二）回归分析与估计

由表 4 - 6 的相关性分析可知，相关性系数高于 0.5 的可以作为大豆生产效率的影响因素，由此得出了 9 个变量。上面采用 DEA 方法进行大豆生产效率的分析中，因变量效率被限定在 1—0 区间内，为了解决进行最小二乘法时带来的结果不一致现象，下面使用 Tobit 模型分析法进行回归分析，回归分析结果如表 4 - 7 所示。

表 4 – 5   大豆生产效率变量描述

类型	变量	最小值	最大值	均值	标准差
解释变量	男性比例（%）（GEP）	0	100	84.71	27.71
	年龄平方（AGE^2）	624	4899	1932.54	721.55
	受教育水平（年）（EDN）	0	16	7.24	3.02
	已婚比例（%）（MAP）	89.32	100	97.24	3.45
	个人年收入（元）（PIC）	0	100001	9458.94	11642.25
	人口（人）（PEO）	1	8	3.54	1.02
	劳动力（人）（LAR）	1	4	2.14	0.81264
	耕地规模（亩）（SCL）	0.5	59	9.57	8.39
	耕地块数（块）（LAN）	1	19	3.78	2.69
	大豆纯收入（元）（BGI）	462.25	201575	9225.25	12745.55
	非农收入（元）（FAI）	0	862000	11685.5	23544.54
	用工量（天）（BPL）	30	1121	229.35	174.54
	非农用工量（天）（FAL）	0	560.67	146.55	149.66
	生活费（元）（EXP）	1000	93000	12054.54	38845.24
	农用固定费用（元）（ACA）	0	120000	9365.45	12532.02
	流动资本投入（元）（FCI）	55	43572	3259.55	4284.55
	土地可流转比例（%）（LTP）	0	100	42.57	21.36
	技术服务比例（%）（ASP）	0	100	83.14	26.74
被解释变量	大豆生产效率（BE）	0.85	1	0.91	0.05

表 4 – 6   大豆生产效率影响因素相关性分析

	EDN	LAR	SCL	LAN	BGI	FAI	ACA	PCI	LTP	BE
受教育水平（EDN）	1									
劳动力（LAR）	0.24	1								
耕地规模（SCL）	0.36	-0.07	1							

续表

	EDN	LAR	SCL	LAN	BGI	FAI	ACA	PCI	LTP	BE
耕地块数（LAN）	0.88	0.04	0.48	1						
大豆纯收入（元）（BGI）	0.37	0.16	0.81	0.32	1					
非农收入（元）（FAI）	0.64	0.72	0.25	0.42	0.39	1				
农用固定费用（元）（ACA）	0.17	-0.05	0.24	0.11	0.58	0.01	1			
流动资本投入（元）（FCI）	0.74	0.41	0.65	0.64	0.59	0.74	0.07	1		
土地可流转比例（%）（LTP）	0.08	0.58	-0.21	0.05	0.06	0.08	0.05	-0.03	1	
BE	0.72	-0.81	0.87	0.55	0.77	0.53	0.66	0.67	0.63	1

表4-7　　　　　　　大豆生产效率影响因素回归分析

解释变量	相关系数	校准差	t	P>|t|	95%的置信区间	
					下限	上限
受教育水平（年）（EDN）	0.04555	0.00036	62.34000	0.00000	0.04054	0.04557
劳动力（人）（LAR）	-0.10524	0.00485	-13.55000	0.00100	-0.12984	-0.08421
耕地规模（亩）（SCL）	0.00307	0.00540	6.70000	0.00600	0.00154	0.00415
耕地数（块）（LAN）	-0.01752	0.00512	-16.55000	0.00000	-0.01520	-0.14587
大豆纯收入（元）（BGI）	0.00000	0.00000	9.18000	0.00300	0.00000	0.00006
非农收入（元）（FAI）	0.00000	0.00000	37.11000	0.00000	0.00000	0.00000
农用固定费用（元）（ACA）	-0.00001	0.00000	-26.18000	0.00000	-0.00001	-0.00001
流动资本投入（元）（FCI）	-0.00001	0.00000	-33.54000	0.00000	-0.00002	-0.00002
土地可流转比例（%）（LTP）	0.00026	0.00005	4.92000	0.01500	0.00008	0.00032
截距	0.91004	0.01458	63.20000	0.00000	0.71259	0.96614
LR χ^2（9）=88.01	Prob > χ^2 = 0.0000					
Log Likelihood = 54.24712	R^2 = 0.99541					

由表 4 - 7 可知，从大豆生产效率影响因素回归分析显示看，LR χ^2（9）= 88. 01，Prob > χ^2 = 0. 0000，说明数据是可靠的；R^2 = 0. 99541，说明进行过相关性分析后的大豆生产效率拟合优度较高，回归效果较好，因此这些变量可以作为影响大豆生产效率的因素。

（三）影响因素结果分析

通过上述的实证分析可知，大豆种植户的受教育水平（年）（EDN）、劳动力数量（人）（LAR）、耕地规模（亩）（SCL）、耕地块数（块）（LAN）、大豆纯收入（元）（BGI）、非农收入（元）（FAI）、农用固定费用（元）（ACA）、流动资本投入（元）（FCI）、土地可流转比例（%）（LTP）是影响我国大豆生产效率的主要因素。

具体来看，受教育水平较高的大豆种植户，在对大豆种植新技术的接受程度、对大豆生产的管理、对资金的调配方面都比受教育水平较低的种植户高，这样就能明显保证大豆生产投入得到最大化利用，避免不必要的浪费，提高了大豆的生产效率。

从分析结果可以看出，劳动力较多的大豆种植户其生产效率呈现负向影响；这是由于对于我国目前的发展来说，人均耕地面积少，而剩余劳动力多已经成为一个不争的事实，这种情况下，相同经济效益下投入过多的劳动力成本，只能会提高大豆生产成本，降低生产效率，因此有必要适当减少劳动力投入，将劳动力转向其他产业中。

大豆耕地规模增加会提高大豆的生产效率在 DEA 分析中已经得到了验证，规模生产能够减少生产成本，使投入得到有效的利用，提高生产效率；而将耕地分块化、小型化相当于降低了大豆的耕地规模，跨地区管理和耕种引起了生产成本的增加，也会引起生产成本的不必要浪费；而农村土地流转的限制，则增加了大规模大豆耕地面积的形成，使耕地保持分块状态，土地要素得不到有效利用，生产效率不高。

大豆纯收入和非农收入则是大豆经济效益的直接体现，在前文中提到大豆种植户往往会选择经济效益较高的农产品进行针对性种植，即使是专业的大豆种植户，当大豆的纯收入或者非农收入降低时，也会降低他们的生产积极性，降低生产的投入，并使大豆生产逐步向其他生产转移，从而势必降低大豆的生产效率。

农用固定资产的费用与大豆生产效率呈反向影响，这是因为虽然劳动的生产率得到了提高，但是，对于一定的耕种面积来说，大量的农用设备只能闲置，造成投入的浪费，降低了生产效率。

大豆生产流动资本与大豆生产效率也呈反向影响，资本越高，效率下降越快。这是因为对于固定规模的大豆耕地面积来说，其所能使用的化肥、人力、农药等费用都是固定的，将大量的流动资金投入生产中，超过一定的临界点后，对产量没有任何的影响，还会造成浪费，影响生产效率。

这些因素都对大豆生产效率产生了影响，而表4-6中的其他生产要素并非对生产效率没有影响，只是相对影响程度较低或者单位时间内没有影响。

第三节　中国大豆缺乏国际竞争力

一　国际竞争力评价指标

国际竞争力是指国家或地区的某些特定产业通过在国际市场中的产品贸易所表现出的生产能力，该指标可以在一定程度上判定我国大豆产业在国际市场上是否具有竞争力，竞争力越强，产业安全度越高。目前，被学术界广泛使用的国际竞争力评价指标主要包括国际市场占有率、贸易竞争力指数、显示性比较优势指数等。

（一）国际市场占有率

该指标直观反映出口量占世界总出口量的比例大小，国际市场

占有率越大，竞争力越强，产业安全度越高。该指标取值范围为
（0，1），取值越接近1，国际竞争力越强，产业安全度越高；越接
近0，国际竞争力越弱，产业安全度越低。计算公式如下：

$$MS_i = \frac{X_i}{W} \tag{4-1}$$

其中，MS_i 表示国际市场占有率，X_i 表示国家 i 的出口额，W
表示世界的出口总额。

（二）贸易竞争力指数

该指标是国际竞争力的评价指标之一，用大豆出口额与进口额
的差值比上出口额与进口额的和来表示该指标的大小，该指标的取
值在（-1，1）之间，取值越接近1，竞争力水平越高，产业安全
度越高；取值越接近-1，竞争力水平越低，产业安全度越低。此
外，当该指标大于0时，说明竞争力水平在世界平均水平之上，当
该指标小于0时，说明竞争力水平在世界平均水平之下。其计算公
式如下：

$$TC_{ij} = \frac{X_{ij} - M_{ij}}{X_{ij} + M_{ij}} \tag{4-2}$$

其中，TC_{ij} 表示贸易竞争力指数；X_{ij} 表示 i 国该类产品的出口总
额；M_{ij} 表示 i 国该类产品的进口总额。

（三）显示性比较优势指数

该指标是评价我国大豆竞争力的指标之一，用中国大豆出口额
与中国所有产品出口额之比再除以世界大豆出口额与世界所有产品
出口额之比来表示该指标的大小，该比值越大，大豆产业竞争力越
强，产业安全度也就越高。具体来说，当该指标取值大于2.5时，
说明优势极为明显，且产业安全度极高；当取值小于2.5且大于
1.25时，表示优势较为明显，产业安全度较高；当其取值大于0.8
且小于1.25时，表示具有较为平均的优势，产业安全度一般；当取
值小于0.8时，表示竞争优势较为低下，从而产业安全度较低。其
计算公式如下：

$$RCA_{ij} = \frac{X_{ij}/X_{it}}{X_{uj}/X_{wt}} \qquad (4-3)$$

其中，X_{ij} 为国家 i 产品 j 的出口额，X_{it} 为 i 国在 t 时期的总出口额，X_{uj} 为产品 j 全球的出口额，X_{wt} 为全球 t 时期的出口总额。

二　中国大豆产业国际竞争力比较分析

分别计算国际市场占有率、贸易竞争力指数、显示性比较优势指数等，得到计算结果如表4－8所示，以此来衡量我国大豆产业的国际竞争力。

（一）国际市场占有率分析

从表4－8中可以看出，我国大豆产业的国际市场占有率水平较低，且总体呈现下降趋势，1996 年我国大豆产业的国际市场占有率仅为 0.67%，随后逐渐上升，1999 年为 0.81%，随后起伏不定，2005 年达到历史最高水平，为 1.07%，随后又逐渐下降，2007 年为 0.86%，2008 年增加为 1%，之后保持下降趋势，截至 2013 年，我国大豆产业的国际市场占有率仅为 0.36%，然而，2013 年大豆主产国美国、巴西、阿根廷的国际市场占有率分别达到 38.08%、40.42% 和 7.25%。如表4－9所示，我国大豆产业国际市场占有率与世界大豆主产国之间存在较大差距，且这种差距呈现逐渐增大的趋势。

表 4－8　　　　1996—2013 年中国大豆产业国际竞争力数据

年份	国际市场占有率（%）	贸易竞争力指数	显示性比较优势指数
1996	0.67	−0.71	0.13
1997	0.65	−0.84	0.12
1998	0.70	−0.85	0.13
1999	0.81	−0.91	0.14
2000	0.70	−0.95	0.11
2001	0.74	−0.95	0.12
2002	0.71	−0.94	0.10

续表

年份	国际市场占有率（%）	贸易竞争力指数	显示性比较优势指数
2003	0.56	-0.97	0.07
2004	0.93	-0.96	0.11
2005	1.07	-0.96	0.12
2006	0.90	-0.96	0.09
2007	0.86	-0.97	0.08
2008	1.00	-0.97	0.10
2009	0.72	-0.98	0.06
2010	0.72	-0.99	0.06
2011	0.55	-0.99	0.07
2012	0.53	-0.98	0.07
2013	0.36	-0.99	0.05

表 4 - 9　　　　2006—2013 年中美巴阿四国国际市场占有率　　　单位：%

年份	中国	美国	巴西	阿根廷
2006	0.94	42.91	35.10	11.01
2007	0.89	43.67	29.25	14.98
2008	1.01	44.22	31.17	13.05
2009	0.73	49.76	34.51	5.06
2010	0.31	46.82	27.82	12.56
2011	0.37	39.01	36.26	12.12
2012	0.36	37.00	38.90	11.10
2013	0.36	38.09	40.42	7.25

（二）贸易竞争力指数分析

指标取值在 -1—1 之间，若该指标等于 0，表示我国大豆产业的竞争力和世界平均水平相当，当该指标越靠近 1，表示竞争力越高于世界平均水平，当该指标越靠近 -1，表示竞争力越低于世界平均水平，且竞争力大小与产业安全度呈正相关。如表 4 - 8 所示，1996—1998 年，我国贸易竞争力指数绝对值大于 -0.9，随后从

1999—2013 年该指数始终小于 – 0.9，而且呈现微弱下降趋势，2010 年、2011 年、2013 年的贸易竞争优势指数都接近于 – 1，为 – 0.99。

（三）显示性比较优势指数分析

该指标反映该国（地区）在对外贸易出口格局中的地位，当该指数大于 1，代表该产品具有显示性比较优势，当该指数小于 1，代表该产品不具有显示性比较优势。如表 4 – 8 所示，我国的显示性比较优势指数呈现下降态势，1999 年达到最大值 0.14，2013 年达到最小值，仅为 0.05。我国历年的显示性比较优势指数都远远小于 1。

以上三项指数均能反映我国大豆产业当前在国外市场上的处境，以及安全状况。通过分析以上三种指标的历史数据可知，我国大豆产业的国际市场占有率较低，与大豆主产国的差距相当大；我国大豆产业缺乏竞争力，大豆产业危机重重，甚至面临被挤出国际市场的风险；我国大豆产业不具有比较优势，产业安全岌岌可危，因此提升我国大豆产业安全度迫在眉睫。

本章小结

本章对影响我国大豆产业生产效率与国际竞争力的土地资源、资本资金、从业人员和科学技术等生产要素进行了深入分析。选择大豆产业投入产出指标、全要素生产指数指标和规模变化指标等指标数据，利用 DEA 中的 VRS 模型对大豆生产效率进行评价和评估，使用 Tobit 多元线性回归模型和样本选择模型对我国大豆产业的诸多影响因素进行回归分析，根据分析结果，对我国大豆产业的生产效率进行深入分析，揭示导致我国大豆生产效率较低的深层次原因；选取国际市场占有率、贸易竞争力指数、显示性比较优势指数等对我国大豆产业的国际竞争力进行实证分析。

第一，大豆产业生产效率分析结果显示，我国大豆产区存在土地成本、劳动力成本等没有有效利用、资金浪费的现象，整体上，我国大豆产业的生产效率呈现先下降后上升的发展趋势。根据大豆产业生产效率的回归分析可知，大豆种植户的受教育水平、劳动力、耕地规模、耕地块数、大豆纯收入、非农收入、农用固定费用、流动资本投入、土地可流转比例是影响我国大豆生产效率的主要因素。

第二，大豆产业国际竞争力分析结果显示，我国大豆产业的国际市场占有率水平较低，总体上呈现出不断下降的趋势，与世界大豆主产国之间的国际竞争力存在较大差距，且这种差距呈现逐渐增大的趋势；我国大豆产业的贸易竞争优势指数较低，国际竞争力普遍低于世界平均水平；历年我国大豆产业的显示性比较优势指数远小于1，且比较优势指数呈现逐渐下降的态势。总体而言，我国大豆产业缺乏竞争力，大豆产业存在被挤出国际市场的风险，我国大豆产业的比较优势不明显，产业安全性较差，因此，如何努力提升我国大豆产业的国际竞争力已经迫在眉睫。

第五章 中国大豆生产困境效应分析

第一节 中国大豆生产变化的资源效应分析

目前，中国大豆的生产与需求极不平衡，需求主要依靠进口来满足，如果中断国外的大豆供给，将会对国内大豆需求造成致命性打击。因此，如何充分利用生产资源，有效提高大豆的产量是解决我国大豆产业供需不平衡的有效途径。在资源条件的限制下，我国大豆种植面积受限，因此，需要寻找其他有效解决途径来解决这一难题。随着经济全球化进程的不断推进，资源和商品可以在世界范围内优化配置。国际市场上的农产品供给非常充裕；随着我国经济实力的不断提高、外汇储备量规模的不断增大、人民币作为第五大世界货币的地位增强，我国大豆产业可以通过资源进口来有效解决耕地资源不足、大豆产量供给不足等问题。

一 中国实施大豆资源进口的有利因素

（一）国际大豆市场供给充足

根据联合国粮食及农业组织统计数据显示，1961—2014 年，世界大豆及主要农产品的产量呈现稳步增长的趋势，并且增长速度高于同期人口增长速度，因此世界人均农产品占有量也呈现上升趋势。相对来说，美国、巴西、阿根廷等发达国家的大豆市场供大于求，而中国等发展中国家则供小于求，然而，综合来看，世界大豆市场总体供大于求，供求关系决定价格，当世界大豆等农产品的供给大于需求时会导致世界农产品价格走低，这将有利于我国从世界市场进口大豆等农产品。因此，国际市场上大豆的供给充足且世界农产品价格走低是导致我国近年来大规模进口大豆的原因之一，形成了土地虚拟进口的态势，节省了国内稀缺的土地资源。

（二）我国外汇储备实力雄厚

外汇储备的多少是衡量一国综合国力的重要指标，外汇储备同时也发挥着积极作用。

首先，外汇储备有着稳定本国货币汇率的作用，如果一国持有足量外汇时，当本国货币贬值，超出政府预期的目标区间时，政府通过向外汇市场大量抛出外汇，购进本国货币，以达到稳定本国货币汇率的目的；当本国货币升值时，超出政府预期的目标区间时，政府通过向外汇市场抛出本国货币，购进外汇，以达到稳定本国货币汇率的目的。

其次，外汇储备具有平衡国际收支平衡表的作用，当一国出现国际收支顺差或者逆差时，可以用外汇储备来平衡国际收支。

再次，利用外汇储备，可以进行自由的国际贸易，以调节国内的供求关系，使之平衡。

最后，外汇储备还有提供借贷信用，促进贸易发展的作用。如果一国持有大量外汇，当一国进出口贸易出现严重逆差时，可以通过良好的信用取得借款，从而利用外资稳定国内经济，促进对外贸易发展，维持进口支付能力，从而促进借款到期的顺利偿还。

我国拥有规模巨大的外汇储备。据统计，2016年年底，我国外汇储备量达到30105.17亿美元，巨大的外汇储备量为我国进口大豆等农产品资源提供了条件，同时进口大豆等农产品资源也是调节外汇储备量的一种方式，通过进口大豆等农产品能够提高外汇储备的使用效率，降低其机会成本，减小可能因货币贬值带来的资产损失，也能缓解人民币升值的压力，稳定国内经济增长，促进国际贸易发展。利用外汇储备进口大豆等农产品的方式分为两种：一种是对外直接投资，即在国外直接利用外汇购买土地，进行经营，种植大豆等农作物，然后再运回本国；另一种是通过国际贸易进口大豆等农产品。通过这两种方式都相当于从国外进口了大豆等农产品资源。

（三）人民币成为世界第五大货币

2016年10月1日人民币正式被纳入国际货币基金组织（IMF）特别提款权（SDR）货币篮子。然而，一国货币如果被纳入SDR货币篮子必须满足两个硬性要求。一是货币发行国的贸易规模，二是该货币的使用规模。同时，加入SDR货币篮子又扩大了人民币的使用范围，这反映了我国货币在国际上的地位与被接受程度都大大提升，这无疑能够促进我国对外贸易的发展，尤其是进口贸易。中国可以利用这一优势，从国外进口大豆等农产品资源。

二　中国大豆产业资源进口的效益分析

（一）经济效益

我国是土地资源相对匮乏的国家，因此我们必将面临城镇化建设、农业用地以及生态环境保护三者之间的矛盾选择。在维持生态平衡的前提下，可以用于城镇化建设和农业耕作的土地就极为有限，如何合理地分配土地成为一项重要任务。因此，我国可以通过从国外进口大豆等农产品，从某种意义上讲，从国外进口农产品相当于进口虚拟土地，这不仅增加了国内可利用的土地，而且也节省了部分土地资源用于各产业中收益较大的领域，从而在整体上提升土地资源的经济效益。

根据比较优势理论，一国或地区应当出口具有比较优势的产品，进口具有比较劣势的产品，从而通过贸易获利。我国土地资源短缺，生产土地密集型产品，并不具有比较优势，以农产品生产为例，其生产机会成本较高，生产所得到的经济效益也相对较低。因此，在农产品的进口过程中，应进口具有比较优势的农产品，即虚拟土地进口含量高的农产品，如食用油籽、原棉，以此来降低土地的使用成本，同时提升经济效益。此外，从农产品价格来看，国际市场农产品价格与国内市场相比较低，同样不具有比较优势，因此，通过农产品进口可以降低生产成本、增加经济效益。

当进行大豆虚拟资源进口时会产生一定的替代价值，即当国内大豆需求一定时，通过从国外进口大豆，此时国内可以减少大豆的供应，从而减少大豆的种植，那么将会节约出一部分土地，这部分土地相当于进口的虚拟土地。虚拟土地替代这一部分土地用于满足国内大豆的需求，被替代出的这一部分土地则可以用于其他产业土地使用效率较高的领域，而该领域所产生的经济效益称为替代价值。

1. 经济效益评估方法

经济效益估算公式为：

$$ELU_n = TVO_n/SL_n \qquad (5-1)$$

$$EB_n = ELU_n \times S_d \qquad (5-2)$$

$$REB_n = EB_n/GDP$$

其中，ELU_n 为各产业的土地使用效率（元/平方米）；TVO_n 为当年产业总产值（亿元）；SL_n 为该产业生产所使用的土地面积（平方米）。EB_n 为实施虚拟土地战略拟节约土地所产生的经济效益；S_d 为进口的虚拟土地总面积（平方米）。REB_n 为实施虚拟土地战略的相对经济效益，即通过虚拟土地战略所增加的经济效益与国内生产总值的比值；GDP 为当年国内生产总值（亿元）。EB_n 被称为虚拟土地进口的替代价值，如果这部分价值是由于进口大豆节省出的土地用于其他产业而产生的，那么就称为大豆虚拟土地进口的替代价值，产生该替代价值的其他产业可以是任意产业。经济效益评估的基础数据如表5-1所示。

从表5-1中可以看出，第一产业方面，各种农产品的单位产品虚拟土地含量各不相同，因此，可以选择虚拟土地含量低、产量高、价值高的农产品进行种植，如糖类、蔬菜类、水果类。第二产业方面，如果将因进口大豆等农产品虚拟土地而节省下来的土地资源用于第二产业，土地的单位面积收益将会更大。以 2015 年为例，对虚拟土地进口的经济效益进行估算，从表 5 - 1 中可以看出，第二产业增加值要远远高于第一产业增加值，同时，第二产业对经济增长的贡献率是第一产业的 3.9 倍。因此，通过虚拟土地战略将农业生产用地转而用于工业领域，将会带来更高的经济效益。

表 5 - 1　　　　　　　　　　经济效益评价基础数据

增加值（亿元）			GDP（亿元）	对 GDP 贡献率（%）		
第一产业	第二产业			第一产业	第二产业	
	工业	建筑业			工业	建筑业
60862.00	236506.00	46627.00	689052.00	8.83	34.32	6.77

资料来源：中国国家统计局年度数据。

2. 农业及建筑业经济效益比较

根据基础数据以及估算公式，可以得出实施虚拟土地战略所产生的经济效益估算结果如表 5 - 2 所示。建筑业的用地效率要远远高于农业，若将通过虚拟土地战略节约下来的土地用于发展建筑业则可以增加 15333219.99 亿元的经济效益，而用于农业只会得到 9660.43 亿元，相对经济效益仅为 0.019，而建筑业则高达 29.519。与此同时，将替换出来的土地用于发展建筑行业，还可以推进城镇化建设，促进经济的快速发展。

表 5 - 2　　　　　　　　　　经济效益模拟估算

产业	用地效率	节约土地（万平方米）	增加收益（亿元）	相对经济效益
农业	2.87	33660028.26	9660.43	0.019
建筑业	4555.32		15333219.99	29.519

资料来源：中国国家统计局年度数据。

3. 第三产业经济效益评估

第三产业方面，以房地产业为例。若将通过虚拟土地进口节约下来的农业用地用作商业用地，其产生的经济效益也远高于农业生产所产生的经济效益。众所周知，同样的土地面积，每平方米房地产的平均售价要远远高于每平方米农产品产量的平均售价，如表5-3所示。若将节约下来的土地发展房地产，则相比同样土地面积生产的农产品所带来的经济效益要高得多。以2015年为例，农产品的虚拟土地进口总量为33660028.26公顷，若将替换出来的土地用作建设用地，则不同类型的土地用途将会取得高低不等的经济效益。其中，被用于办公用地建设的土地所得到的经济效益最大，其次是用于高档别墅建设，而用于住宅楼建设所取得的经济效益则较低。

表5-3　　　　　　　　各类商品房平均销售价格　　　　单位：元/平方米

年份	商品房均价	住宅房均价	别墅、高档公寓均价	办公楼均价	营业用房均价
2015	6793.00	6473.00	15157.00	12914.00	9566.00

资料来源：中国国家统计局年度数据。

因此，可以得出结论，实施虚拟土地进口战略、加大大豆产业资源进口，将节约出来的土地用于第二产业和第三产业中土地使用效率高的领域，不仅可以提高土地的使用率，优化土地资源配置，还能够加速经济发展，推进现代化建设，是我国可持续发展的重要途径之一。

（二）社会效益

虚拟土地进口战略除了可以促进经济增长、保护生态环境，还会促进就业，提高人民生活水平。在农产品进口过程中，我国可以选择从事生产具有比较优势的农产品，而那些不具有比较优势或者比较优势较弱的农产品则通过进口或在国外进行生产，这样就会节约一部分劳动力，而这部分劳动力则可以由农业领域转向经济收入更高的行业。如前文所述，在虚拟土地进口中，若将节约下来的土地发展工业和建筑业，会获得更高的经济效益。与此同时，工业和建筑业的蓬勃发展会带动相关产业的发展，如建筑建材、机械、化工、家用电器、装潢、交通运输乃至整个服务业的发展。因此，产业的发展将提供更多的就业机会，增加人均收入。威廉·配第曾指出："制造业比农业，进而商业比制造业能得到更多的收入。"虚拟土地进口会使劳动力由农业领域向商业领域转移，从而提高劳动力收入，提升人民生活水平。由于近年来我国城镇化进程加快，住房需求急速扩张，通过虚拟土地进口战略将土地用作发展房地产业，增加各类商品房供给，可以在增加就业的同时满足居民的住房需求，从而提高人民的生活水平。因此，无论是从就业、人均收入还是人民住房需求方面，农产品贸易的虚拟土地进口都会增加我国的社会效益。

第二节　中国大豆生产变化的生态效应分析

从土地质量来看，由于我国现阶段水土流失严重、土地荒漠化以及土地污染等问题的出现，加速了土地资源生态质量的退化。同时，在农业生产中，化肥、农药等的大量使用虽然提高了农产品产量，但也造成了生态环境的严重恶化，这对我国经济社会可持续发展构成了严重威胁。以下用农业用化肥、农药作为虚拟生态要素，对我国大豆产业供给变化的生态效应进行了分析。

虚拟化肥、农药的计算是以虚拟土地进口的数据为基础，先计算出我国单位面积的农产品生产所需的化肥和农药的使用量，再乘以虚拟土地进口面积，据此得出我国虚拟化肥、农药进口而产生的生态效益。计算结果如表 5-4 所示。

由于农产品贸易的虚拟生态要素的计算是以虚拟土地进口的数据为基础，因此我国虚拟生态要素进口数量的变化趋势与虚拟土地进口数量的变化趋势大致相同，总体上呈上升态势。我国虚拟化肥进口量由 2000 年的 215.26 万吨增加到 2015 年的 1446.67 万吨，虚

拟农药进口量也由6.64万吨增加到42.33万吨，增长幅度较大。虚
拟生态要素的进口说明我国在节约土地的同时也降低了化肥、农药
等对农业生态环境的破坏程度，有利于我国土地的可持续发展。同
时，实施虚拟土地进口战略还可以将节约下来的土地资源用于生态
建设，如植树造林、退耕还林等，以改善土地资源的生态质量。近
年来，我国已加强对土地质量的改善工作，绿化面积稳步增加（见
图5-1）。将节约的土地资源用于增加绿地面积是解决土地退化问
题、改善土地质量的有效措施。

表5-4	中国虚拟生态要素进口数量	单位：万吨
年份	化肥	农药
2000	215.26	6.64
2001	231.90	6.95
2002	195.15	5.90
2003	379.13	11.39
2004	423.16	12.65
2005	529.85	16.23
2006	585.85	18.27
2007	629.04	19.98
2008	701.29	22.39
2009	839.15	26.54
2010	1055.43	33.36
2011	1011.89	31.70
2012	1202.67	37.20
2013	1238.89	38.45
2014	1398.34	40.98
2015	1446.76	42.33

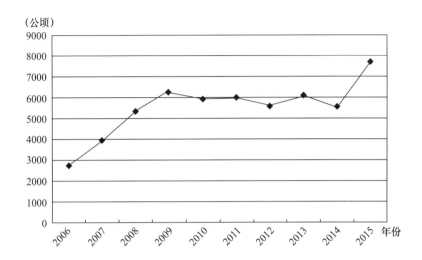

图 5 - 1　2006—2015 年中国绿化造林面积趋势

资料来源：中国国家统计局。

第三节　中国大豆生产变化的
产业安全效应分析

一　中国大豆产业安全现状分析

自加入世界贸易组织以来，我国大豆全产业链逐渐被四大跨国粮商（美国 ADM 公司、美国邦吉公司、美国嘉吉公司、法国路易达孚公司）所控制。国际四大粮商借助垄断优势，形成价格优势，大量收购国内大豆加工企业，影响了现有的市场秩序，并损害了豆农的利益。因此，四大粮商不仅控制着我国大豆的贸易环节，并几乎渗透到大豆的全产业链中，导致我国大豆产业安全岌岌可危。

（一）四大粮商简介

1. 美国 ADM 公司

ADM 公司创立于 1905 年，是粮食产业的四大巨头之一，总部坐落于美国伊利诺伊州狄克多市。ADM 从 1994 年开始在中国市场开展业务，其市场定位是成为农产品全产业链的综合供应商和服务商。2001 与新加坡 WILMAR 集团合资组建益海嘉里集团，总部设在上海陆家嘴，主要经营粮食类产品生产、生物能源、仓储、物流、国内外贸易等业务。经过长期的经营，ADM 借助益海嘉里集团在粮食全产业构建了一定的垄断优势。从上游产业来看，益海嘉里集团直接控股国内 38 家粮油工厂，另外还参股国内知名粮油加工企业，如鲁花集团，其每年的油籽压榨量高达 1000 万吨。该集团还将业务扩展到稻谷、小麦、玉米、棉花、芝麻等农产品的深加工领域，并且还涉及大豆浓缩蛋白等深加工项目，其工厂遍布全国，是国内规模最大的油脂、油料加工企业。其豆类出口量占全国总量的 70% 以上，贸易公司办事处已经覆盖除港澳台地区的其他全部地区；从下游产业来看，该集团同时参股铁路运输、仓储物流、船务船代等产业，经营种类趋于多元化。

2. 美国邦吉公司

邦吉公司创立于 1818 年，总部位于美国纽约州的 White Plains，主要经营从农场到消费者的食品链，是世界四大跨国粮商之一。邦吉公司于 1998 年开始与中国进行贸易往来；2000 年开始向中国市场供应大豆等农作物；2004 年，邦吉公司又在中国注资创办了大豆加工企业，邦吉公司渗透到中国大豆的贸易和加工环节；2006 年在中国建立第二家大豆加工企业。

3. 美国嘉吉公司

嘉吉公司创建于 1865 年，总部设立在美国明尼苏达州，是全世界规模最大的私人控股公司之一，也是最大的动物营养品和农产品制造商，是世界四大跨国粮商之一。与其他跨国粮商不同，嘉吉公司与中国的往来起源于慈善事业，嘉吉公司对中国的募捐超过百万美元，同时参与生态环境的治理事业和支持中国农村教育事业。以此慈善事业作为关系纽带，嘉吉公司已经在中国建立 30 多家农产品加工企业，在我国的大豆加工和贸易领域处于领先地位。

4. 法国路易达孚公司

路易达孚公司成立于 1851 年，总部设在法国巴黎，是世界四大粮食产业巨头之一。路易达孚公司很早就开始与中国进行贸易往来，早期的贸易对象主要是饲料和谷物；1971 年以后，该公司与中国的农产品贸易范围逐渐扩大，并不断拓展业务。

（二）四大粮商对我国大豆全产业链安全的影响

随着经济全球化进程的不断推进，跨国公司在国外的投资环境不断优化，这使以四大粮商为代表的国际跨国粮商在我国的势力不断壮大，并逐渐吞噬我国大豆的整个产业链。以下从生产、加工、仓储和物流四个环节阐述四大跨国粮商对我国大豆产业的控制情况。

1. 生产环节

在生产环节中，四大粮商通常采用专利权保护、技术转移内部化等策略严格限制技术外溢效应。在大豆种子培育阶段，他们控制着技术研发和种子培育两个核心环节；在农田种植阶段，他们向农民提供大豆种植的技术和设备，然而，这些种植技术和设备只能用于耕种特定豆种，因此，在提供技术和设备之前，四大粮商与农民签订合同，要求必须使用他们所提供的豆种，而四大粮商提供的豆种是转基因豆种，该豆种只能种植一年，第二年将会发生基因变异，必须更换新豆种，这就严格控制了技术的外溢效应。

此外，四大粮商还将其生产的化肥、农药等生产资料提供给大豆种植者，同时给农民提供直接贷款，最后农民用收获的农产品偿还贷款，从而实现原料收购。

2. 加工环节

据统计，到 2006 年 4 月底，全国有 97 家大型油脂企业，其中被外资控制的企业的年生产量占全国生产量的比重超过 50%；路易达孚是国内压榨效率最高的企业之一，每天的加工量高达 1.2 万吨；ADM 公司旗下的益海嘉里集团日均可加工大豆超过 5000 吨。此外，四大跨国粮商还直接投资或间接投资国内主要品牌公司，如"福临门""鲁花""金龙鱼"等,利用品牌来包装销售其生产的粮食产品;2015年,全国超过70%的大豆(包括豆制品)来自四大粮商。

3. 仓储环节

四大粮商拥有多个大型粮食仓库,并通过收购中小型加工企业,从而扩大粮食存储规模,降低存储成本;四大粮商与中国地方政府合作,力求互利共赢,共同发展,从长远角度来看,这将有利于其提升自身的市场地位;中国政府在地方逐步推行市场化粮食购买与销售政策,造成粮仓收购价格高于市场价格,国内大量粮仓因此遭受亏损,四大粮商积极与地方粮商建立合作关系,以略高于市场的价格收购地方粮仓的粮食,使之成为获取粮食的来源,通过这种合作能够避免地方政策限制。

4. 物流环节

四大跨国粮商的运输能力也较为雄厚,尤其是水路运输。ADM公司拥有2500艘驳船,铁路车皮27400节,拖车1300辆,卡车600辆和远洋船舶52艘;邦吉公司的年均火车运输班次可达90万次;嘉吉公司拥有16个重点粮食港口终端库,级别都达到530万吨,并拥有12艘远洋运输船、550艘货运船和巨轮50艘,覆盖了全球6000多个港口,同时还拥有2000个铁路油罐车和2000个公路油罐车,此外,通过加入Nistevo物流网络,嘉吉公司的运输能力得到了全方位的提升;路易达孚公司在全球六大区域拥有港口143处,运输谷物的船舶多达170艘,海关业务相关从业人员达1600多人。如此雄厚的运输能力使四大粮商在中国拥有绝对垄断优势,并控制着国内大部分的物流运输。

四大跨国粮商在生产、加工、仓储、物流等环节全面控制着我国大豆产业,使我国国内企业从生产到消费寸步难行,难以维持,最后纷纷面临倒闭,从而威胁我国大豆产业安全。

二　中国大豆产业安全评价指标的选取

查找已有的与大豆产业安全有关的指标，并将其进行相应分类，形成一级指标和二级指标，然后利用这些指标衡量我国大豆产业安全（见表5－5）。

表5－5　　　　　　　　　中国大豆产业安全评价指标

目标层	一级指标	二级指标
大豆产业安全水平	国内环境	种植面积
		国内大豆需求增长率
		劳动力成本
		劳动力素质
	对外依存度	进口对外依存度
		出口对外依存度
		自给率

（一）国内环境评价指标

国内环境评价指标可以在一定程度上反映国内大豆生产和消费环节的安全状况，而大豆生产和消费环节的安全状况也是大豆产业安全状况的体现。本节将国内环境指标分为四个子指标，分别是种植面积、国内大豆需求增长率、劳动力成本和劳动力素质。

1. 种植面积

该指标用于反映大豆生产环节的安全状况，用土地要素的使用量来衡量其大小，该指标与大豆产量呈正相关关系，因此与大豆产业安全度也呈正相关关系。

2. 国内大豆需求增长率

该指标用于反映大豆消费环节的安全状况，它直接反映国内消费者对于大豆的需求状况，该指标越大，大豆产业安全度越低。

3. 劳动力成本

该指标是反映用于支付劳动力的工资大小，如果该指标过高，大豆的种植规模将会减小，用每小时支付给劳动者的工资来衡量该指标的大小，劳动力成本越高，大豆产业的安全度越低。

4. 劳动力素质

该指标用于反映大豆生产环境状况，它直接反映劳动力的受教育程度，用高中及高中以上学历的农民所占比重来衡量该指标的大小，同等条件下，劳动力素质越高，大豆产量越高，从而大豆产业安全度也就越高。

（二）对外依存度评价指标

对外依存度评价指标表示我国大豆产业受国外因素影响程度的大小，也是反映大豆产业安全状况的重要指标。该指标分为进口对外依存度和出口对外依存度、自给率三个子指标。

1. 进口对外依存度

该指标用于衡量国内大豆产业受国外因素影响程度的大小，该指标等于大豆进口量和国内大豆产量的比值。该指标越大，受国外因素影响的程度越大，从而产业安全度较低；该指标越小，受国外因素影响的程度越小，产业安全度越高。

2. 出口对外依存度

该指标也用于衡量国内大豆产业受国外因素影响程度的大小，该指标等于大豆出口量与大豆产量之比，该指标越大，受国外因素影响的程度越大，从而产业安全度较低，该指标越小，受国外因素影响的程度越小，产业安全度越高。

3. 自给率

该指标用于衡量国内大豆生产满足国内大豆需求的能力大小，该指标等于国内大豆产量与国内需求量之比，该指标越大，自给能力越强，从而产业安全度越高，该指标越小，自给能力越弱，产业安全度越低。

三　中国大豆产业安全评价与效应分析

（一）国内环境评价与效应分析

从种植面积来看，如表5-6所示，1996年全国大豆种植面积仅为747.58万公顷，随后连续两年出现增长，1999年则下降到796.22万公顷，2000年大豆种植面积大幅增加，种植面积首次突破900万公顷，达到930.69万公顷，增长率高达16.89%，随后跌宕起伏，2006年种植面积达到历史最高，为959.37万公顷，随后呈下降趋势，截至2015年，大豆种植面积为659.00万公顷，年均增长率为-3.76%，然而相比2007年，2008年和2009年的大豆种植面积有所增长，2007年为875.39万公顷，2009年为919.01万公顷，相对于2013年，2014年种植面积稍有增长，2015年种植面积则下降了20.99万公顷，仅为659.00万公顷，总体来看，我国大豆种植面积呈下降趋势。

在需求增长率方面，如表5-6所示，除2007年外，其余年份的大豆需求量都出现增长，1996年、1997年、2000年、2002年、2008年、2009年和2015年需求增长率都突破10%，分别达到10.70%、11.66%、30.37%、13.92%、10.44%、19.41%和10.67%，2000年的需求增长率更是达到30.37%，为近年来最高水平，1998年、1999年和2003年增长率较低，分别为0.95%、2.15%和2.54%，其余年份的增长率都在5%—10%。总体来说，我国大豆需求增长较快。

在劳动力成本方面，如表5-6所示，大豆种植者工资水平不高，且变化不大。1996年大豆生产劳动力人均小时工资仅为1.90元；1997—2000年为2—3元；2001—2004年的工资水平维持在3—4元；2005—2008年的工资水平维持在4—5元；2009—2013年的工资水平维持在5—6元，并且各年份的工资水平变化幅度不大；直到2014年，人均小时工资才突破6元，为6.01元；相比2014年，2015年大豆生产劳动力人均小时工资增长较少，工资仅为6.20

元，增长率只有 3.16%。

在劳动力素质方面，大豆种植者的素质呈现上升的态势，但是，上升的速度较慢。如表 5-6 所示，1996 年农民家庭中高中及高中以上学历的人口占劳动力总人口的比重仅为 0.50%，随后该比重不断增加，而增加的速度较慢。截至 2015 年，农民家庭中高中及高中以上学历的人口占劳动力总人口的比重为 5.78%。

表 5-6　　　　　　　中国大豆产业国内环境指标数据

年份	种植面积（万公顷）	大豆需求增长率（%）	劳动力成本（元）	劳动力素质（%）
1996	747.58	10.70	1.90	0.50
1997	834.80	11.66	2.10	0.60
1998	850.09	0.95	2.40	0.70
1999	796.22	2.15	2.60	1.00
2000	930.69	30.37	2.90	1.60
2002	948.20	13.92	3.10	2.40
2003	872.17	2.54	3.30	2.70
2004	931.27	17.65	3.60	2.82
2005	958.18	6.47	3.80	2.95
2006	959.37	9.36	4.00	3.10
2007	875.39	-1.02	4.50	3.45
2008	912.71	10.44	4.70	3.63
2009	919.01	19.41	5.10	4.24
2010	880.00	9.30	5.45	4.53
2011	788.85	8.43	5.67	4.78
2012	717.11	7.23	5.82	4.91
2013	679.05	9.34	5.91	5.23
2014	679.99	9.12	6.01	5.57
2015	659.00	10.67	6.20	5.78

注：2001 年数据缺省。

资料来源：根据有关年份的《中国农村统计年鉴》得出。

以上四种都是构成我国大豆产业安全评价体系的指标。通过分析以上指标的历史数据可知，我国大豆种植面积相对较小，且不断减少，这直接减少了我国大豆产量，从而威胁我国大豆产业安全；我国国内大豆需求量较高，且不断增长，如果仅靠国产大豆，将会出现供不应求的局面，因此需大量进口国外大豆，从而造成对国外大豆的依赖。由于国外大豆具有出油率高的特点，国内加工企业将会选择进口国外大豆，这也是我国大豆全产业链逐渐被外资所控制，导致我国大豆产业安全岌岌可危的重要原因；我国从事大豆生产的劳动力工资较低，因此，劳动力会选择转向其他农作物的生产领域，导致农业劳动从业人员短缺，从而降低了大豆产量，进而威胁我国大豆产业安全；我国劳动力素质低下，这是我国大豆成本高、产量低的重要原因之一，也是威胁我国大豆产业安全的隐患之一。

（二）对外依存度评价与效应分析

在进口对外依存度方面，可以用国内大豆产业当年进口总量与产业当年的总产量之比来衡量，产业进口对外依存度越高，产业受国外因素影响的程度越高，产业安全度相应越低。

如表5－7所示，我国大豆产业进口对外依存度总体呈现上升的趋势。从1996年的0.08上升到2015年的7.10，年均增长率为26.63%，但较2001年来说，2002年进口对外依存度减少了0.21，为0.69。此外，2004年较2003年的进口对外依存度也出现负增长，从1.35下降到1.16，降幅为－14.07%。

在出口对外依存度方面，产业出口对外依存度也是反映大豆产业受国外因素影响程度大小的指标之一，如表5－7所示，我国出口对外依存度较小，从1996—2015年，只有2007年我国大豆出口依存度为0.04，2001—2006年、2009年、2012—2014年均为0.02，1996—2000年、2010—2011年、2015年均为0.01，可以看出该指标的总体水平不高。

表 5 - 7　　　　　　　　中国大豆产业对外依存度指标数据

年份	进口对外依存度	出口对外依存度	自给率（%）
1996	0.08	0.01	74
1997	0.20	0.01	73
1998	0.21	0.01	75
1999	0.30	0.01	69
2000	0.68	0.01	57
2001	0.90	0.02	50
2002	0.69	0.02	52
2003	1.35	0.02	41
2004	1.16	0.02	44
2005	1.63	0.02	38
2006	1.82	0.02	34
2007	2.38	0.04	28
2008	2.41	0.03	31
2009	2.84	0.02	25
2010	3.61	0.01	23
2011	3.63	0.01	22
2012	4.49	0.02	18
2013	5.30	0.02	16
2014	5.87	0.02	15
2015	7.10	0.01	12

资料来源：根据有关年份的《国际贸易统计年鉴》计算得出。

自给率也是反映大豆产业受国外因素影响程度大小的指标之一，如表 5 - 7 所示，我国大豆产业自给率总体呈现下降态势，且下降的速度较快。1996 年，我国大豆自给率为 74%，1997 年较 1996 年减少了 1 个百分点，为 73%，1998 年较 1997 年增长了 2 个百分点，为 75%，随后开始下降，到 2001 年自给率为 50%，我国一半的大豆需求由进口满足，另一半由国内生产满足，2002 年略微上升，自给率为 52%，相比 2002 年，2003 年自给率下降明显，为 41%，降

幅为 -21.15%，2004 年由上升 3 个百分点，为 44%，随后又开始
下降，到 2007 年自给率为 28%，相比 2007 年，2008 年又上升 3 个
百分点，为 31%，之后一直下降，到 2015 年为止，自给率只有
12%，需大量靠进口来满足国内大豆需求。

　　以上三项指标能够清楚地反映我国生产大豆的能力，以及对于
国外大豆的依赖程度，直观地看出我国大豆产业的安全度。通过分
析以上三种指标的历史数据可知，我国生产大豆的能力不足，不能
满足国内需求；我国对国外大豆的依赖性较强，需大量从国外进
口，才能解决国内供应不足的问题。

第四节　中国大豆生产变化的结构效应分析

一　中国大豆生产结构调整的背景

　　大豆起源于中国，被人们冠以"植物肉""绿色的乳牛"美誉，
营养价值极其丰富。大豆富含人体所需的蛋白质达 40%，为其他粮
食之冠，具有重要的保健功能。大豆中脂肪含量为 15%—20%，位
居豆类第一位，其中含有的一种脂肪物质叫作亚油酸，不仅有助于
促进儿童精神发育，还有助于降低体内胆固醇、预防心脏病。大豆
中还含有人体所需的丰富的维生素和一定数量的胡萝卜素，正因如
此，大豆一直深得广大人民的喜爱。而且伴随着人民生活水平的不
断提高及消费结构的改善，大豆食用消费需求越来越大。此外，由
于我国畜牧业发展迅速，使豆粕等饲料的需求量也在不断增加。在
食用消费和饲料消费的推动下，我国大豆消费量飞速增长。
表 5 - 8 给出了从 2007—2016 年我国大豆产量、进口量及消费量。
从中可以看出，大豆消费量从 2007 年的 4740 万吨猛增到 2016 年的
9700 万吨，10 年间增加了两倍多，并且仍有不断上升的趋势。消
费量的不断增加使中国大豆消费在世界大豆消费总量中的比重不断

上涨，目前已达到27%，大大高于排名世界第二的美国19%的份额，成为世界大豆消费第一大国。然而，面对巨大的大豆消费需求，中国国产大豆的产量却一直徘徊不前，甚至有所回落，十年来一直只维持在1300万—1650万吨，2016年的大豆产量只有1100万吨。国产大豆的产量占消费量的比重呈快速下降的趋势，由1996年的74%下降到2016年的15%。

表5-8　　　　2007—2016年中国大豆产量、消费量、进口量　单位：万吨

年份	产量	消费量	进口量
2007	1273	4740	3320
2008	1554	5037	3957
2009	1498	5633	4496
2010	1508	6769	5739
2011	1449	6938	5485
2012	1280	7345	6078
2013	1195	7756	6556
2014	1245	8355	7140
2015	1215	9364	8350
2016	1100	9700	8600

资料来源：联合国粮农组织数据库、国家统计局。

由此可以看出，中国大豆生产量与消费量之间存在巨大的缺口，而这个缺口不得不通过大豆进口来填补。中国大豆的进口量从2007年的3320万吨增加到2016年的8600万吨，且进口量占消费量的比重也从2007年的27%猛增至2016年的80%。目前，进口大豆已经代替国产大豆成为中国大豆供给的主要来源，但大豆进口的激增，却加大了国内食用油市场和饲料市场的不稳定性，不利于我国食用油市场和畜牧业生产的稳定，造成国家大豆产业严重依赖外资企业，不利于国家的粮食安全和产业安全。因此应适度进口国外大豆，增加国产大豆的种植。

二　中国大豆生产结构调整的效应

大豆进口在满足消费需求、节约耕地、保证主粮品种种植等方面发挥了极大的正面作用，但过度依赖进口将威胁大豆的产业安全甚至是国家的粮食安全。

大豆是土地密集型产品，对于土地资源稀缺的中国来说，进口适当的大豆符合我国比较利益。进口大豆可以缓解大豆与小麦、玉米、水稻等主要粮食作物争夺土地的问题，保障主要粮食作物的种植面积及产量，进而确保我国粮食安全。另外，进口大豆可以增加国内的有效供给，压低国内大豆市场的价格，增加消费者的福利。尽管如此，近年来，随着我国对大豆进口数量的不断增加、进口依赖程度的不断加深，其负面效应也随之产生。

第一，考虑到"安全"问题，尽管目前从整个大的国际环境看，国际大豆供给充足，我国与进口来源国之间贸易关系正常，大豆进口价格相对平稳，我国外汇储备充足，且汇率相对稳定，使我国大豆进口贸易能够顺利开展，但是如果上述因素中的任何一个发生了改变，很有可能无法保证我们能够进口到足够的大豆来满足所需。

第二，近年来，外资对中国大豆加工行业的控制不断加强。它们一方面参股控股或兼并国内的油脂加工企业，另一方面控制油脂加工企业对大豆的进口权。目前，四大跨国粮商控制了中国70%以上的大豆压榨企业，80%以上的进口大豆货源，国内的压榨产能向外资集中，国内原本就薄弱的大豆产业链被完全割裂。

第三，虽然目前还没有定论，但是，食用转基因大豆可能对人们健康构成威胁以及转基因大豆作物如果发生转基因逃逸，可能造成生物多样性的毁灭性灾难等问题都值得大量进口转基因大豆的我国给予足够的关注。

第四，大豆国际价格对国内价格的传导作用使我国大豆市场价格一直较低，农民的种植收益得不到保障，种植积极性受到影响，最终导致我国大豆种面积不断萎缩，大豆种植业发展不景气。

第五，在跨国粮商垄断大豆贸易市场的情况下，我国在大豆进口定价上缺少话语权，这使以进口大豆作为主要原料的大豆加工业的生产成本乃至生产利润无法得到保障，令大豆加工业陷入巨大的经营风险中。

大豆产业是我国东北地区重要的经济增长点，其绵长的产业链有助于带动我国其他相关产业发展。同时，大豆产业的健康发展还有助于促进农民增收、就业，稳定社会经济秩序。中国从国家利益出发，大豆问题不仅仅是经济问题，更是社会问题和政治问题。因此，大豆进口是必然的，但也不能完全依赖。关键是要把握好"度"，即要协调好进口大豆和国产大豆之间的关系，尽量使大豆进口贸易的正面效应达到最大化，而其负面效应最小化，运用协调发展方式，使外部市场、外部资源的"供给"与国内市场、国内资源的需求相互适应、相互协调、相互有利。

三　中国大豆生产结构调整的措施

"适度进口"就是充分利用好"两个市场、两种资源"，就是要协调好进口大豆与国产大豆之间的关系。因此，一方面，政府应采取有效的贸易保护措施，控制大豆进口数量，严格监测进口质量；另一方面，政府应在立足于大豆供给质量和效率提高的基础上增加国产大豆的种植进而增加国产大豆的有效供给，同时也要通过实施有利于扩大国产大豆需求的政策，取得与进口大豆相抗衡的竞争优势，提高国产大豆的市场占有率。

（一）采取贸易保护政策，控制大豆进口数量

随着我国大豆进口数量的不断增加、进口依存度不断提高，导致大豆产业受到了巨大的冲击。因此，我们应充分运用反补贴、反倾销等国际通用的贸易保护措施，充分发挥世界贸易组织的农业相关规定，保护我国大豆产业的安全和国家粮食安全。针对近年来我国大豆产业严重受到外资控制甚至已经达到了倾销程度，严重影响

了我国大豆产业可持续健康发展。依据我国出台的《中华人民共和国反倾销条例》，我国政府相关部门应该积极开展反倾销打击行动。

第一，政府可以充分利用其行政手段，打破外资企业对我国整个大豆产业链的垄断。

第二，政府应及时出台健全合理的政策措施，加强对外资企业在华收购并购行为的监管控制，特别是要加强对外资在华加工贸易输出工厂的规模控制。可以由业务部门根据外资投资项目的具体情况制定指示性政策和监管批准办法，最终多部门联动实现审查批复。

第三，我国应加强对进口大豆的质量监管，充分运用贸易技术指标对进口大豆进行合理筛检，并通过建立评级名单来有效管理贸易商。

（二）加强对进入我国大豆行业外资的调控力度

改善我国大豆行业被外资垄断不公平的竞争环境，需要政府加强宏观调控。首先，在对待外资方面，对于要进入大豆压榨行业的外资，政府要进行严格的审批。其次，我国政府要加强经济立法，贯彻落实《外商投资产业指导目录》和《反垄断法》，同时也要加强对美国、巴西、阿根廷等大豆出口国履行世界贸易组织规定义务情况的监督，加紧研究分析外资强力渗透国内大豆压榨业对行业发展和经济安全等的风险，遏制国外资本蚕食中国大豆压榨行业，为中国大豆生产和加工业的发展创造良好环境。此外，我国政府也要对本国大豆企业加强引导，缓解并避免本国企业之间的恶性竞争，大力扶持本国大中型大豆压榨企业，在贷款、税收等方面给予优惠，对有潜力建立独立产业链条的大豆压榨企业要给予重点支持。

（三）提高政府对大豆科技研究和技术推广的投资

为了提高我国大豆的单位面积产量及国际竞争力，我国政府要加大对大豆的科研投入力度，通过科技研究来改良大豆品种或培育大豆新品种，使之符合大豆在国民经济中的重要地位。政府要整合高等院校及研究机构的科研力量，加大对大豆研发的投入，加强科技攻关，充分利用我国大豆品种齐全的优势，有针对性地改良大豆品种。对于已经研发出来的高科技豆种，国家应积极鼓励种植，不应该限制播种。针对我国大豆受盐碱、干旱影响严重的问题，培育抗盐碱、抗旱的大豆品种；针对我国大豆含油率低的缺点，培育含油率高的专用品种；针对消费者看重我国国产大豆中的异黄酮、蛋白质和卵磷脂的特点，培育出异黄酮、蛋白质等含量高的大豆品种。除改良大豆品种完善我国大豆品种体系之外，政府还要完善大豆科研成果推广体系，如建立大豆协会或合作社，通过协会或合作社推广最新的大豆科研成果，提高科技对大豆生产的贡献，尽快使研究的成果可以有效运用到实践中去。因此，要改变过去一直强调的高油与高蛋白兼容的育种方向，向高蛋白率等专用品种发展；要健全和加强大豆的良种繁育体系，大力推广高产、优质、抗病的大豆优良品种；要积极采用成熟的配套栽培技术，实施大豆种植的精细管理。

（四）充分利用世界贸易组织"绿箱"政策，保护中国大豆产业的发展

世界贸易组织规则共规定了 12 种"绿箱"政策措施，但是与其他主要大豆进出口国相比，我国使用到的政策措施较少，仅仅 6 种，其中主要包括一般性的农业生产服务。而一般性的农业生产服务作为"绿箱"政策中最为重要的内容，其开支主要是由公共基金和国家财政提供。"绿箱"政策实际上是一种国家补贴政策，是支持国内农业产业发展的重要手段。我国现行的符合"绿箱"政策措施的农业支持政策主要包括国家宏观农业政策和农业补贴政策。中国作为世界贸易组织成员，既要遵守世界贸易组织的规定，又要充分利用世界贸易组织赋予的权利。我国政府要充分利用世界贸易组织的"绿箱"政策，如对大豆推广咨询提供服务，促进大豆基础设施建设、建立大豆公共储备、支持大豆结构调整、对大豆生产者的直接支付等。通过政府的"绿箱"政策支持，可以有效地促进我国大豆产业的健康发展。此外，政府还可以考虑使用"蓝箱"政策，

根据豆农种植大豆的面积进行直接补贴，提高我国国产大豆的种植面积，进而增加国内大豆的产量。

（五）国家应对大豆产业出台完备的补贴政策

要改变我国大豆的困境，国家应对大豆的种植、收购、加工、进口等环节给予补贴。在大豆种植环节，国家应对良种进行补贴，鼓励豆农采用大豆新品种。同时要完善农资补贴政策，降低大豆生产成本。建议在农业直补过程中，对大豆种植的农户执行"特殊补贴"，使大豆主产区的大豆种植农户不至于因种植大豆而收入减少，因此，国家应尽早出台政策以鼓励豆农的生产积极性。在大豆收购环节，大豆国家储备收购政策并没有真正提高农民种植大豆的积极性。针对收购大豆标准严格的问题，国家应该降低大豆收购标准，如降低对大豆破损、水分和杂质的要求标准，提高大豆储备水平，这样，可以使豆农既可以得到相应的补贴又可以灵活应对国际大豆价格的波动。在大豆加工环节，对我国国产大豆精深加工的企业，国家应给予税收或贷款等方面的优惠。在大豆进口环节，国家应制定严格的转基因大豆进口标准，加强对转基因技术的攻关，严格检验进口的转基因大豆质量，对于存在安全隐患的转基因大豆要坚决禁止进口。

（六）建立我国非转基因大豆地理标志，打造国产大豆的绿色品牌

地理标志用来标识某商品来源于某地区，说明该商品的质量、信誉或其他特征是由该地区的自然因素或人文因素所决定的。由于我国进口的大豆为转基因大豆，主要用于油料榨取。目前，中国大豆市场食用的大豆油90%以上都是由非转基因榨取的，而大豆制成品50%以上均为非转基因食品。虽然国际上对于非转基因大豆的安全问题存在争议，但时至今日国际上对于转基因大豆食品的安全问题并没有定论。不过，日本、韩国和欧洲各国对转基因大豆持反对态度，而偏好我国产的非转基因大豆。在欧美大豆进口市场都明确对转基因大豆和非转基因大豆产品进行标识提示。明确地理标志，

有助于遏制转基因大豆进口。因此，我国作为世界上最大的非转基因大豆的生产国，应建立中国特殊的非转基因大豆地理标志，以彰显中国在非转基因大豆领域的地位，树立中国非转基因的大豆品牌，针对国际市场应充分利用国产大豆绿色、天然、营养、健康的优势；同时发展壮大非转基因大豆生产和加工群，建立和打响品牌效应，实施差异化出口战略。增加高蛋白非转基因大豆的面积，减少压榨油料大豆的面积，扩大中国大豆的比较优势，缩小中国大豆的比较劣势，使中国非转基因大豆品质优势获得世界市场的认可。同时，国家应在东北及黄、淮海大豆主产区设立非转基因保护区，以保护我国非转基因大豆品种。

本章小结

本章从资源效应、生态效应、安全效应及结构效应等角度对我国大豆生产变化进行了深入分析。在国际市场农产品供给充足、我国外汇储备实力雄厚、人民币成为世界第五大货币等有利因素下，对我国实施大豆资源进口既可以实现较大的经济效益，同时还带来一定的社会效益。通过化肥、农药的进口可以对我国产生一定的生态效益。本章利用大豆产业安全评价指标，对我国大豆产业的国内环境和对外依存度进行了分析，由此可知，我国大豆产业的安全问题不容乐观。在供给结构调整变化的背景下，指出我国大豆产业结构调整的被动性，在产业结构调整空间丧失的国情下，我国大豆产业结构调整难度较大。

第六章 中国大豆生产困境形成的原因

近年来，中国大豆产业发展受到了严重挫折，我国大豆的生产遇到了前所未有的挑战。第一，受进口大豆的冲击，国内大豆发展陷入困境。1998年我国进口大豆量仅为320万吨，2015年进口量猛增至8169万吨，平均年增幅144%；进口大豆竞争优势明显，以美国为例，规模化生产使美国大豆生产成本大幅降低，政府对大豆补贴价格高达500美分/蒲式耳，人民币的升值又降低了大豆的进口成本。第二，进口大豆激增改变了国内原有的大豆贸易流向。我国大豆生产和贸易呈现北余南缺、北粮南运的特点，但进口贸易改变了这一格局，南北差异缩小后，东北地区大豆的供应压力便凸显出来；另外，国际大豆含油量高、价格较低、贸易操作便利等是多数油厂青睐进口大豆的主要原因。第三，外资垄断大豆压榨业格局的形成使国内大豆产业发展遇到前所未有的挑战。目前在中国沿海的64家外商独资或参股企业占国内大豆压榨能力的73%，参股外商掌控着企业70%的原料采购权。外资企业通过垄断北美和南美大豆的生产、垄断大豆国际贸易、垄断中国的销售市场等一系列措施，使产业风险和利润实现体内循环，从而取得低成本竞争优势，同时可以通过国际期货市场来规避价格风险。基于我国大豆产业的供给情况，本章将从技术因素、比较收益影响、政策因素等方面对造成我国大豆发展困境的原因展开分析。

第一节 中国大豆生产的技术水平低下

一 产业成本高、机械化水平低

从生产成本来看，受到我国土地资源较少、人口众多等基本国情的限制，使从事我国大豆产业相关的农民数量与规模较小，同时加上我国农村劳动力素质相对较低、老龄化严重等诸多问题的影响，使我国大豆产业的投资收益比率有所下降、生产能力较弱。由于我国大豆产业属于典型的劳动密集型产业，使产业发展中的成本投入较少，但可变成本投入相对较多，随着我国对大豆需求量的不断提高，使大豆产业的生产追加成本不断攀升。以中美两国大豆产业的成本为例来分析我国大豆产业与主产国之间的差距。中国大豆生产总成本包括生产成本、期间费用两大项目：生产成本由物质费用和人工成本组成，物质费用主要包括种子费、肥料费、农药费、农膜费、作业费、排管费、畜力费、燃料动力费、固定资产折旧费、修理维护费，人工成本包括家庭用工折价和雇工费用；期间费用包括土地承包费、销售费、财务费、管理费。此外，还有不包括在成本内的村提留费、乡统筹费和其他支出等成本外支出。美国大豆种植成本主要包括运营成本和间接费用：运营成本包括种子、肥料、农药费、作业费、燃料动力费、修理费、灌溉机械等费用、利息等；间接费用包括雇工费用、家庭劳动机会成本、土地资产成本、固定资产折旧、税金和保险费、管理费等成本。

由表6-1可知，中国大豆单位面积成本中的可变成本高于美国，而不变成本低于美国。这表明，随着种植面积的增加，中国需追加的可变成本上升较快，从而导致单位面积的成本较高，而美国一方面需追加的可变成本较少，另一方面不变成本随着种植面积的增加而逐渐被分摊，从而其单位面积成本显示出明显优势。因此，美国农民可以在更低的市场价格下组织大豆生产，其对抗大豆市场价格波动的能力要比中国农户强得多。

表 6-1　　　　　　　　中美两国大豆种植成本对比

国家	成本类型	2014—2015 年	2015—2016 年	2016—2017 年
美国	单位面积成本（元/亩）	545.29	541.88	542.11
	可变成本	230.75	220.49	222.34
	不可变成本	314.54	321.39	319.77
中国	单位面积成本（元/亩）	667.34	625.9	674.71
	可变成本	247.7	220.68	416.97
	不可变成本	419.64	405.22	257.74

资料来源：美国农业部网站、全国农产品成本收益资料汇编。

在农业生产中，我国的农业机械化水平较低，特别是大型农业机械的使用率更低，且大多农业机械采用的是租赁模式，这使我国大豆产业的劳动力投入较大，其他成本投入也相对较高。根据国际发展经验，当农机化水平达到 40% 时，农机化就进入快速发展时期。2013 年，我国农业机械综合利用水平达到 59%，虽然已经进入农机化快速发展的通道。但是，与发达国家相比，我国农机化发展水平还很低。当前，我国农业机械化还处于比较粗放的规模扩张阶段，59% 的农机化水平仅是以种植业作为考量范围，如果综合考虑农业的各个领域，和发达国家的差距会更大。目前，我国各地农机化发展非常不平衡，粮食领域的机械化水平较高，但棉花、大豆、畜牧等机械化水平低；耕种收机械化水平高，施肥、喷药、烘干等环节的机械化水平低；平原地区农业机械化水平高，丘陵山区则较低。这些不平衡不仅制约了农机产业甚至一些地区现代农业的发展，而且制约了我国农业机械化水平的提高。造成这种局面有我国农机制造水平低，不能适时提供农业生产需要的装备等原因，更重要的是，我国农机化发展过分重视粮食生产机械化，农业装备制造也基本集中在粮食生产机械上。

二 大豆单产量和质量偏低

近年来，中国大豆的种植面积不断缩减，大豆生产在粮食生产中的地位正在逐渐下降。据统计，与 2015 年相比，2016 年的大豆种植面积略有增加，但大豆产业的单产量仍然处在较低水平。与美国、巴西、阿根廷等大豆单产高的国家相比，中国仍生产传统的非转基因大豆，单产及防病虫害能力较低，受低成本国外大豆的冲击，国内大豆种植者的积极性也在一定程度上受到影响。在我国，大豆单产相对比较稳定，一直处于较低水平。我国大豆的单产量较低，与玉米、水稻、小麦单产产量相比相差悬殊，1990—2016 年，小麦的年单产增幅最大，单产年增幅达到 3% 以上，玉米和水稻的增幅紧跟其后，年单产增幅均保持在 1.6—2.3 个百分点。

同时，大豆作为高蛋白作物，其籽粒蛋白质含量一般在 40% 左右，受到品种和栽培条件的影响，大豆籽粒的蛋白质含量有所不同。研究表明，大豆蛋白质的含量会随着产地区位的变化而存在明显的差异，总体上的分布趋势是，受到不同地区温度、雨水等自然条件的影响，大豆蛋白质的含量是与纬度呈负相关的，纬度越低的地区其蛋白质含量越高；反之亦然。《2016 年新收获大豆质量调查报告》对内蒙古、吉林、黑龙江三省 17 个市（州、盟）的 59 个主产县（市、区、旗）和黑龙江农垦总局的 7 个分局 2128 个样本抽查结果显示，2016 年三省大豆整体质量较好。完整粒率、一等品比例、中等以上比例、粗脂肪（干基）平均值、达标高油大豆比例（符合三等标准）均为近年最高，但粗蛋白（干基）平均值和达标高蛋白大豆比例（符合三等标准）较前两年（2015 年只有两省参与会检）有所降低。质量方面，三省大豆完整粒率平均值 90.5%，为近年最高，变幅 77.4%—97.3%；一等至五等的比例分别为 21.8%、34.2%、38.3%、3.8%、1.9%，无等外品，中等以上比例 94.3%，其中一等品比例、中等以上比例为近年最高。损伤粒率平均值 7.2%，略好于上年，变幅 0.7%—17.4%，符合等内品要求的比例为 60.5%，较上年提高 3.5 个百分点。内在品质方面，粗脂肪含量平均值 20.5%，为近年最高，变幅 18.4%—22.9%，达标高油大豆比例为 73.7%，为近年最高；粗蛋白含量平均值 38.5%，较上年下降 0.8 个百分点，变幅 35.0%—43.7%，达标高蛋白大豆比例为 18.4%，较上年下降 19.9 个百分点。其中，内蒙古整体质量正常，一等品比例、达标高油大豆比例为近年最高。完整粒率平均值 86.7%，略高于 2014 年（无 2015 年数据）水平，变幅 77.4%—97.3%，一等至五等的比例分别为 30.6%、13.9%、33.3%、16.7%、5.5%，无等外品，其中一等品为近年最高，中等以上的占 77.8%，较 2014 年提高 17.8 个百分点。损伤粒率平均值 8.5%，较 2014 年下降 0.7 个百分点，变幅 1.9%—14.2%，符合等内品要求的比例为 44.4%，较 2014 年提高 14.4 个百分点。吉林整体质量好于上年，除粗蛋白含量和达标高蛋白大豆比例外，其他指标均好于上年。一等至四等的比例分别为 36.7%、30.0%、30.0%、3.3%，无五等以下样品，其中一等品较上年提高 10.1 个百分点，中等以上的占 96.7%，较上年提高 6.7 个百分点。损伤粒率平均值 6.7%，较上年下降 0.9 个百分点，变幅 1.5%—13.8%，符合等内品要求的比例为 66.7%，较上年下降 10.0 个百分点。黑龙江整体质量好于上年，完整粒率、中等以上比例、粗脂肪含量、达标高油大豆比例均为近年最高水平。完整粒率平均值 90.7%，为近年最高，变幅 77.5%—98.7%，一等至五等的比例分别为 18.0%、38.5%、40.5%、1.5%、1.5%，无等外品，一等比例略低于上年，中等以上的占 97.0%，为近年最高。损伤粒率平均值 7.1%，较上年下降 0.7 个百分点，变幅 0.7%—17.4%，其中符合等内品要求的比例为 62.5%，较上年提高 5.5 个百分点。相关机构研究认为，中国大豆的杂质率和破碎率均比美国等国家要低，但中国大豆的脂肪含量要低于美国等国家。同时，由于我国存在大豆种植规模小、标准化程度较弱等诸多问题，所以，对于大豆品质检测的困难较大，使我国大豆的质量较差。在国产大豆与进口大豆含油率上的差异，导致进口大豆的经济收益要明显高于国产大豆，加大了我国大豆进口量，进而减弱我国国产大豆的竞争优势。

三 大豆转基因技术落后

在中国，大豆属于典型的劳动密集型农产品，生产成本高，技术落后。与进口转基因大豆相比，中国的大豆种植成本高，但出油率低，没有竞争优势。中国进口转基因大豆的初衷是节省有限的耕地资源，保证主要粮食作物的自给。据专家推算，通过进口大豆可节省耕地近 4 亿亩。但中国耕地资源的特点是：绝对数量大但人均值较低；质量差的耕地比重较大，优等粮田少。要确保粮食安全提高粮食单产只能通过现代高新技术来解决。袁隆平的超级稻试验田虽屡屡打破产量纪录，但由于在种子、肥料、人力等方面的投入大过常规稻，导致其利润率较常规稻并无优势。在传统杂交技术之外，转基因技术不失为一种选择。

目前应用最广的转基因作物是抗除草剂和抗虫转基因作物。抗除草剂转基因作物不仅能够提高除草效率，而且可以促进免耕技术的应用，减少除草和耕耘的劳动投入。转基因抗虫作物能够减少杀虫剂的使用，增加农业收益。统计数据显示，1996—2011 年，全球农场总收益中有近一半是由于虫害和草害压力降低所带来的增产收益。美国 20 世纪 90 年代中期玉米单产约为 400 公斤/亩，其后通过转基因技术，仅用不到 20 年就达到 600 公斤/亩。近几年来，以巴西、阿根廷为代表的拉美国家转基因技术迅速推广，与成本低廉、种植便利的原因密不可分。

中国的粮食问题本质上是人和地的问题。目前，中国农业依然是劳动力密集型产业，人力成本过高，农民更多选择进城务工，种粮积极性逐渐下降。对此，应通过有效的激励机制，使种粮农民的收入与进城务工或城市工人的收入差距不断缩小，充分调动种粮农民的积极性。同时，现有的一家一户体制容易造成耕地资源的浪费，只有通过土地流转集中相当规模的土地，才能用规模化经营降低成本，抵消劳动力价格的上涨，使回归土地的农民能够获得满意的收益。当前，我国大豆种业和相关产业发展面临困境，其中一个重要的原因就是我国转基因大豆技术落后，尚无自主研制的转基因大豆优良品种，导致我们的大豆种业没有竞争力。在国外出油率高、价格低廉的转基因大豆冲击下，2016 年中国自产大豆 1100 万吨，进口大豆 8600 万吨，88% 的大豆依赖进口。不发展我国的转基因技术，水稻、玉米和马铃薯等主要粮食作物将不可避免地重蹈大豆覆辙，中国主粮生产将面临更加被动的局面，中国粮食安全将处于更加危险的境地。因此，大豆的转基因技术是体现我国农业核心技术水平、促使我国大豆摆脱生产困境的重要因素。

第二节　中国大豆生产的比较收益较低

我国大豆产量位居世界第四，从生产格局来看，东北产区、黄淮海产区和南方产区是中国大豆主产区。其中，黑龙江是我国最大的大豆生产基地，大豆种植面积约占全国的 40%。在东北和黄淮海等大豆主产区，玉米和大豆是主要的竞争性作物，所以，玉米与大豆在生产成本与收益方面的变化，会直接影响到种植结构。农户通过对竞争性作物的比较分析后，会优先选择具有较大收益的作物作为生产对象，一方面影响玉米与大豆等作物的种植面积；另一方面会影响农产品市场中玉米和大豆的投放量。研究发现，总体上说，大豆播种面积、产量及单产量均低于玉米。2000 年，我国玉米的种植面积为 23056 千公顷，占农业种植面积的 15.2%。随后，玉米种植面积不断扩大，特别是国家实施玉米收储政策以来，玉米种植面积平均每年增加 953 千公顷，到 2015 年，玉米种植面积增加到 38117 千公顷，增长了 65.3%。相比较而言，我国大豆的种植面积远远低于玉米的种植面积而且近年来总体呈波动下降的趋势。2000

年，我国大豆的种植面积为9307千公顷，占全国农作物总面积的5.42%，到2015年，我国大豆的种植面积下降至6590千公顷，相比减少了41.2%。我国大豆和玉米的种植面积，取决于两者种植效益的高低。由于玉米的种植效益相对高于大豆的种植效益，因此基于比较利益选择，农户会更倾向于增加玉米的种植。下面运用成本收益率和现金收益两个指标来具体分析影响农户种植结构选择的原因。

从图6-1中可以看出，2009年为中国大豆和玉米成本收益率变化的"分水岭"，2000—2008年中国大豆成本收益率明显高于玉米成本收益率，且大豆的成本收益率整体呈不断上升的趋势，2007年中国大豆的成本收益率更是升至60.05%。2007年以后，我国每亩大豆的成本收益率开始逐年下降且不断低于玉米的成本收益率，2015年更是降至-17.6%。

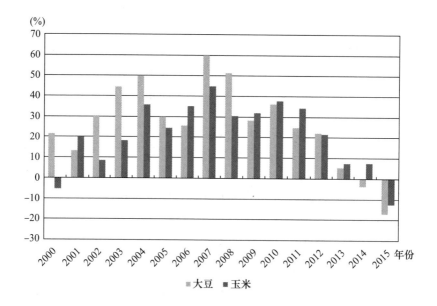

图6-1　中国大豆和玉米成本利润率比较

资料来源：《全国农产品成本收益资料汇编》。

实际上，2000—2015 年，我国玉米的种植面积一直高于大豆的种植面积，这与上述分析玉米和大豆的成本利润率变化规律并不完全一致。这说明我国种植结构不仅只受到其成本收益率的影响。下面从我国大豆和玉米的每亩现金收益来进一步分析原因（见图 6 - 2）。

从图 6 - 2 中可以看出，2000—2014 年我国大豆和玉米的现金收益整体上呈现上升趋势，除 2003 年大豆每亩现金收益（245.14元）大于玉米（229.13 元）外，其他年份我国大豆每亩现金收益均低于玉米。特别是 2009 年以后，伴随着玉米临时收储政策的实施、玉米收储价格不断提高，玉米每亩现金收益不断上升且明显高于大豆，到 2014 年，玉米每亩现金收益高达 728.59 元，而大豆每亩现金收益仅为 353.99 元。2015 年，受国家收储制度改革、玉米价格下调的影响，玉米每亩现金收益骤降至 522.59 元。

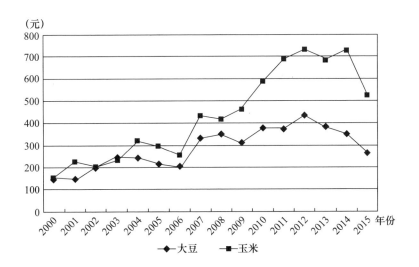

图 6 - 2　中国大豆和玉米作物每亩现金收益比较

资料来源：全国农产品成本收益资料汇编。

上述分析结果与玉米和大豆的种植面积变化规律是一致的。因此，综合来看，农户种植结构选择会受到成本收益率和现金收益的影响，但相比较而言更关注的是现金收益。在市场经济条件下，农民的日常生产消费需要大量现金，因此，在"现金收入最大化"理性指导下，农民更愿意种植现金收益较高的玉米。

第三节　中国大豆产业扶持政策匮乏

一　中国大豆产业的政策不足

首先，我国关于大豆产业的进口贸易机制不够健全。目前，我国大豆产业的进口关税和增值税分别为 3% 和 13%，这部分的税率低于国家其他谷物类产品的平均税率。目前，我国大豆进口量较大，但国内大豆压榨企业多采取分散采购方式，这就造成国内大豆进口与企业采购行为的不匹配，同时，由于大量的大豆进口企业缺乏风险防范意识，无法熟练地进行国际进口贸易操作，因而无法很好地避开市场金融风险。

其次，我国缺乏长期有效的大豆产业利益补偿机制及贸易保护政策。国家制定的大豆产业补贴政策具有临时性特点，以国家实施的良种补贴政策为例，虽然国家对高出油率的大豆良种进行补贴，但补贴总量和金额较小，难以提升国产大豆的价格优势。同时，我国大豆产业的贸易保护政策不够完善，经历一个由增加配额到降低大豆进口关税的过程。1995 年，大豆进口配额取消，国家决定根据需求临时安排大豆进口配额；1996 年，大豆进口配额的贸易保护政策取消，大豆进口关税由 114% 降到 3%；2001 年，中国加入世界贸易组织后承诺正式取消大豆进口配额，同时实行单一的关税政策；2008 年，中国为降低国内大豆制品的价格，将大豆进口关税临时由 3% 降到 1%，政策调整表面上是为缓解国内大豆压榨企业的压力，降低进口大豆的价格，从而为企业减轻负担，但实际上中国大豆进口关税的降低，使国际市场认为中国将有增加大豆进口的需求，反而导致国际大豆价格上升，增加了中国企业的压力。2001年中国加入世界贸易组织以后，在缺乏关税保护的作用下，中国大豆的种植效益降低，国内的政策无法改善大豆过量进口所带来的影响。

最后，我国大豆的科技含量较低，大豆产业的科研扶持力度不够。一直以来，由于我国大豆产业的种植面积要小于其他主要粮食作物，国家和农民对大豆产业的重视力度不够，大豆产业的科研投入不足，导致我国大豆产业的科研能力较弱。国家"九五"规划之后，我国才开始逐渐增加对大豆产业的重视力度，并将大豆与水稻、小麦、玉米等作物一起列入全国主要的作物中，科研投入力度有所增强，科研能力有所提升。即便如此，我国大豆在科学研究上仍然存在研究领域狭窄、学科建设不够系统等诸多问题，面对大豆科研队伍不断缩小、科研能力提升不足的现实情况，我国大豆的科研投入有待进一步加大。

二　国外大豆产业扶持政策的影响

国外大豆产业扶持政策对我国产生了重要影响。在全球大豆主产国中，美国采取各类大豆产业支持政策，不断提高其生产能力、使大豆生产者获益，其大豆国际竞争力明显增强。美国相关的农业法律法规明确大豆产业的补贴与鼓励机制，美国政府对大豆产业的补贴分为直接补贴和政策补贴。对于直接补贴，法律明确规定了如何直接提供给大豆生产者的生产补贴，通过大豆产业的贷款优惠补贴、差价补贴、金融补贴等一系列方式来提供支持。对于政策补贴，政府通过对大豆产业中诸多环节的政策支持来提高扶持力度，包括大豆产业的基础设施建设、科学研究、技术推广、产品检验检疫、大豆作物病虫害防治等方面。巴西政府对国内大豆产业的政策补贴力度也较大。第一，巴西政府通过实施农业信贷政策积极鼓励大豆生产者扩大生产规模，并积极推动大豆出口。第二，巴西政府通过金融扶持政策，提升大豆产业保护力度，在提升大豆产业的国际竞争力的同时，积极推动其国内大豆产业的国外融资。第三，巴西推动实施农业保险和价格保护政策。在专项农业保障基金的支持下，有效地降低了农业生产者的风险损失。在国际农产品价格的冲击下，其推出的价格保护政策有效地保护了农民的基本收入，降低了农民对种植大豆的后顾之忧。

本章小结

在我国大豆产业发展受到严重挫折、国际竞争力较弱的背景下，本章从技术因素、比较收益、政策因素等方面对造成我国大豆生产困境的原因做了深入分析。目前，我国大豆产业在技术方面存在产业成本高但机械化水平较低、大豆产量和质量均偏低、大豆转基因技术较为落后等诸多问题，我国大豆的比较收益要弱于其他竞争力作物，而造成上述一系列问题的关键因素在于，我国大豆产业的政策存在诸多不足之处，同时还受到了国外特别是大豆主产国政策因素的影响。

第七章　中国大豆生产发展的路径选择

第一节　中国大豆生产发展的基本定位

随着我国居民生活水平的提高，人们对大豆的消费需求量也在不断增加。1993 年我国大豆总消费量为 1430 万吨，到 2016 年猛增至 9525 万吨，增长了 156%。大豆需求量主要包括食用消费与压榨消费。由于消费结构在不断改善，人们对主粮（玉米、水稻、小麦）的消费需求逐年减少，而对肉、蛋、奶及植物油的需求量逐年增高。对肉、蛋、奶及植物油需求的不断增加，相应地也带动了我国畜牧业和饲料行业的高速发展，畜牧业和饲料行业的发展增加了对豆粕的需求，进而引起了大豆压榨行业的扩张。大豆压榨行业的迅猛发展，对大豆需求不断增强，1993 年大豆压榨使用数量为 747 万吨，而 2016 年大豆压榨使用数量增至 6824 万吨，增长了近 9 倍，占大豆总消费需求的 72%，大豆压榨需求成为中国大豆消费需求的主力军。未来，伴随农业供给侧结构性改革的不断推进及大豆压榨行业的持续扩张，大豆消费量将继续增长。有关专家预测，到 2020 年，我国大豆的需求量将增加到 1.4 亿吨。

与不断增长的国内需求相比，我国大豆的生产能力较弱。随着中国加入世界贸易组织，我国农产品特别是大豆生产受到了巨大冲击，其生产能力不断下降。究其原因，第一，大豆的种植面积不断缩减。特别是 2010 年之后我国大豆种植面积明显减少，2011 年大豆种植面积为 826.3 万公顷,而 2014 年和 2015 年的种植面积分别减少为 680.1 万公顷和 659 万公顷,降幅分别为 21.5% 和 25.4%,在国家政策的调控下,虽然 2016 年的种植面积扩大为 715.6 万公顷,但与加入世界贸易组织之前相比,我国大豆的种植面积萎缩明显。第二,大豆产量的总体水平不断下降。据统计,改革开放前我国大豆产量处于平稳状态,但产量较低。改革开放后,虽然我国大豆的产量有所增加,但受到进口大豆和种植面积减少的影响,我国大豆的产量又出现了一定程度的减少。2016 年我国大豆产量比 2015 年增加了 115 万吨,但仍然明显低于加入世界贸易组织前的年均产量水平。第三,大豆单产水平低、增速慢。长期以来,我国大豆的单产一直处于较低水平。与其他大豆单产较高的国家相比,造成我国大豆单产较低的原因除了水分、土壤和气候条件的影响外,更重要的是对高科技含量豆种的选择,由于我国主要生产的是传统的非转基因大豆,病虫害防治能力较弱,收益明显低于进口的非转基因大豆,导致大豆种植者的积极性有所下降。

在巨大的国内需求和较弱生产能力的共同作用下,我国逐渐由传统的大豆出口国转变为世界第一大大豆进口国,并且进口规模正在持续攀升。在进口方面,1995 年以前,我国一直是大豆贸易的净出口国,但从 1996 年至今我国的大豆一直存在着贸易逆差。据统计,1996—2016 年,我国的大豆进口量由 110.75 万吨上升至 8600 万吨,进口量增长了 8000 多万吨。在出口方面,1996—2008 年,虽然我国大豆的出口量由 19.17 万吨增加到 46.51 万吨,但每年的大豆出口量仅为大豆进口量的 1% 左右。不难看出,我国大豆产业的进出口贸易出现了严重的失衡。另外,随着进口数量的激增,我国大豆进口的对外依存度不断升高,几乎整个大豆产业的进口贸易均被外资所控制。目前,国内 97 家大型油脂企业有 64 家为跨国粮商参股或控股,占总股本的 66%。我国大豆的原料加工企业和食用油加工企业 75% 的市场份额被外资控制。跨国企业经济实力强且垄断程度高,致使我国大豆产业链处于不利地位且对外资依赖程度逐渐加大。

　　作为世界最大的大豆消费国，我国每年大豆的进口量基本保持着25%的速度增长，2016年，我国大豆的进口量占世界大豆进口总量的50%以上。尽管我国处在世界大豆贸易中买方市场的地位，但在大豆进口价格上却处在不利的尴尬境地。从2008—2016年我国大豆的进口价格、国际大豆进口价格及价格差不难看出（见表7-1），中国大豆进口价格与国际大豆市场价格走势基本一致，但大豆进口价格却明显高于国际大豆市场价格。其中，2011年中国大豆进口价格与国际大豆市场进口价格差相对较小，2013年价格差最大，达到了170.9美元/吨。此后几年，随着人民币汇率的升高，中国大豆进口价格与国际大豆进口价格在逐渐缩小，到2016年年末，维持在64.8美元/吨的水平。但从总体上看，中国大豆进口价格与国际大豆市场价格差距仍然较为明显，这也说明我国在大豆进口价格上的控制权较弱，在定价权上并无地位。我国对于大豆国际定价权的长期缺失、大豆贸易地位与国际定价权不匹配，其背后蕴藏着深刻的政治经济原因。我国对大豆进口定价失去控制除受到国内大豆供需

表7-1　　2008—2016年中国大豆进口价格与国际价格的比较

单位：美元/吨

年份	进口价格	国际价格	两者价差
2008	363.20	276.30	86.90
2009	293.30	223.50	69.80
2010	266.30	232.10	34.20
2011	333.40	317.30	16.10
2012	583.30	532.10	51.20
2013	535.30	364.40	170.90
2014	489.30	366.30	123.00
2015	425.60	320.20	105.40
2016	405.00	340.20	64.80

资料来源：中华人民共和国商务部网站。

失衡、国内农产品保护政策不够完善以及我国大豆期货市场健全等影响因素外，更重要的是国内外利益集团力量相互博弈的结果。

在巨大的供需压力下，中国大豆不应该完全依赖进口，更不能失去自主定价权。大豆进口如同一把"双刃剑"，一方面，可以通过国外大豆的进口来填补巨大的需求缺口、促进大豆贸易的发展；另一方面，大豆进口的不断增加使我国大豆产业的安全受到严重威胁。因此，我国有必要加强大豆进口的管理，采取适度进口的策略，尽量使大豆进口贸易的正面效应达到最大化，而其负面效应最小化。同时，适逢农业供给侧结构性改革之机，调整种植业结构、转变农业发展方式将成为农业供给侧结构性改革的核心内容。农业结构调整重点是要削减玉米增加大豆的种植面积，这势必会为大豆产业发展带来新机遇。在农业供给侧结构性改革的政策推动下，国家于2016年取消玉米收储制度，导致玉米价格不断下降，而大豆的比较收益不断上升，再加上大豆有目标价格等国家扶持政策托底，且单位面积投入相对较少，风险较小，因此，未来种植农户将会更倾向于大豆的播种。国产绿色、非转基因大豆种植面积和产量的增加将有利于提高我国大豆的自给率、满足人们日益升级的消费结构。

本书在对中国大豆虚拟土地进口资源效应的分析中指出，中国人口众多，土地资源相对匮乏，如何运用比较优势理论合理分配土地用于具有比较优势大宗农产品的生产以保证我国粮食安全问题不容忽视。但我国逐年下降的国产大豆自给率不得不让人担忧，2016年，国产大豆自给率低至12%，不但使国产大豆失去了自主定价权，而且造成了中国农产品种植结构的严重失调，大豆产业面临危机。因此，国家应做好大豆生产的区域化布局、确立转基因大豆保护区后全面放开转基因大豆种植、对大豆种植给予利益补偿措施，确保国产大豆在未来三年内保持25%的自给率，这样，既不会占用过多耕地导致主粮生产安全，又可以促进中国大豆产业健康发展。

第二节　中国大豆生产的区域布局规划

目前，我国大豆的主要生产区包括以春大豆为主的东北产区、以夏作大豆为主的黄淮海流域产区、以春夏作大豆为主的长江流域产区和以秋作大豆为主的南方产区。在目前我国大豆面临生产困境的背景下，本书认为，国家和政府应积极做好以主产区为重点的大豆生产区域布局规划，在优化调整我国大豆生产的区域布局的基础上，建立东北大豆重产区以及建立系统的大豆轮作制度等。其中，需要在我国四大大豆主产区基础上确立重中之重产区，即东北重产区；同时需要在各主产区基础上确立大豆的重产省份，主要包括黑龙江、内蒙古、安徽、河南、吉林、江苏和四川等省份。

一　优化调整大豆生产区域布局

首先，根据区域的资源禀赋、气候条件、区位优势和产业基础，加快选择大豆优势产业带，建立优质大豆保护区，加强产业基础设施建设与信息共享平台建设，优化大豆产业结构，为大豆生产创造良好条件。根据各优势区域的自然生态特点、主要耕作方式，因地制宜地扩大大豆种植面积，根据《全国种植业结构调整规划》，完善《大豆优势区域布局规划》，积极引导资金、技术、人才向优势区域集中。在东北地区推行大豆玉米合理轮作，适当恢复第三积温带高油大豆面积；在黄淮海地区推行大豆玉米间作套种，适当扩大高蛋白大豆面积；"镰刀弯"地区调减非优势区玉米种植，推行玉米与大豆轮作。充分利用耕地资源，努力提高大豆产业的经济效益，带动大豆种植者的积极性，进而促进大豆生产区域布局的优化：一方面，需要大豆主产区各级政府应做好增加大豆种植面积的组织宣传工作，鼓励规模经营主体及时调整种植结构，挖掘传统大豆主产区的优势资源；另一方面，需要加大相关金融支持力度，鼓励主产区的大豆深加工企业发展，彻底改变以往的"卖豆难、豆贱伤农"现象。

其次，保护区域大豆种质资源，开展不同区域大豆资源调查收集与开发利用，实施野生大豆原生态保护。保护区域农业的生产能力，加强农田基础设施建设，改善区域大豆生产条件，巩固提升大豆产能。同时，需要保护大豆生产主体，落实大豆生产扶持政策，重点培育大豆优势产业带、大豆生产新型经营主体，完善社会化服务，提高规模种植效益。

最后，加大区域大豆科技创新的投入力度，加快选育突破性大豆品种。组织开展各个大豆优势产业带和大豆保护区的协作攻关，集中力量攻克技术"瓶颈"，集成组装高产高效、资源节约、生态环保的大豆技术模式，推进大豆生产的全程机械化。在东北、黄淮海地区选择一批重产省份，开展绿色高产高效创建试点，创建一批亩产 200 公斤以上的典型。

二 建立东北大豆重产区

过去 5 年间，东北大豆产区成为全国最大的大豆生产区，种植面积约占全国种植面积的 50%。这得益于东北地区肥沃的土地资源和优越的气候条件。东北区域指黑龙江、吉林、辽宁三省全部和内蒙古东北部地区（包括呼伦贝尔市、兴安盟、通辽市、赤峰市、锡林郭勒盟），总面积为 143.9 万平方千米。该区域西部为高山，中部为平原，东部有少量低丘，其中海拔 160 米以下面积占 50%。该区域为寒温带湿润、半湿润气候带，冬季低温干燥，夏季温暖湿润。无霜期 130—170 天，全年降水量 400—800 毫米，其中，60%集中在 7—9 月。该区的东北平原地势平坦、土壤肥沃，大部分地区温度适宜、日照充足，是我国重要的商品粮基地，其温度及土壤环境十分适合大豆种植。通过研究表明，近 50 年来，东北地区增温趋势明显，年平均气温每 10 年上升 0.392℃。东北地区的增温幅度显著高于我国同期年平均地表气温的升温幅度（每 10 年增加

0.22℃），也高于全球或北半球同期平均上升幅度（每10年增加
0.13℃）。一般地，在其他环境条件适宜情况下，温度条件对作物
发育速度的影响起主导作用，并且在一定温度范围内，作物发育速
度与温度呈正相关关系。太阳辐射量决定一个地区作物生产的潜力
和产量的高低。从总的趋势来看，太阳辐射量多的地区，作物总产
量高，但太阳辐射的利用受水、热条件的限制。年降水量对作物来
说尤为重要，在年降水量小于200毫米的地区，如果没有灌溉条件
则基本没有作物栽培；在200—400毫米的地区旱地作物的产量很
低。日照时数多的地区，作物产量较高。但日照时数与水温条件配
合不同，作物产量不同。年日照时数多，而水分少的地区作物产量
低；年日照时数较多，水分多的地区产量高。通过对东北地区的
温、光、水资源分析来看，温度是增加的，对作物生长有利还是有
害，有待研究，但太阳辐射量降低会影响作物潜在产量，降水量的
减少同样也会制约作物的生长，减少作物产量。东北地区的农田土
壤资源也在发生显著变化。东北地区土壤有机质含量普遍显著降
低，这一方面可能是由于土壤侵蚀日益严重，过度开发和垦植再加
上诸多自然因素导致该地区风蚀、水蚀扩大，土壤退化严重；不合
理的土壤耕作致使该区农田土壤有机质含量持续下降。土壤有机质
含量下降，使土壤容重增加，土壤日益紧实。土壤持水量和孔隙度
下降导致农田土壤通气性和保水保肥能力降低，严重阻碍作物对养
分的吸收，从而降低了肥料的利用效率。大豆具有固氮的性质，同
时，东北地区一直以来都是大豆主产区，十分适合大豆种植，而种
植大豆可以帮助改善该地区土壤环境有机含量下降的现状。因此，
该地区必须广泛采用保护性耕作措施和加大土壤培肥的力度，提高
土壤的抗性和质量，种植能够改善土壤环境的大豆。在农业供给侧
结构性改革的背景下，确立东北为重中之重产区，利用东北地区的
自然资源优势大豆发展大豆生产，为我国大豆尽快摆脱生产困境做
出应有的贡献。

三 建立系统的大豆轮作制度

大豆轮作可以有效防治病、虫、草害。大豆等农作物的许多病害一般通过土壤传播，大豆与不易感染这种病害的农作物实行轮作，可以消灭或减少这种病害在土壤中的数量。对于危害大豆等农作物根部的害虫，如果将大豆与其他不容易感染这种虫害的作物进行轮作，可使其在土壤中的虫卵减少。合理的轮作也是防、除杂草的重要方法，因为在栽培不同农作物的过程中运用了不同农业措施，对杂草产生不同的抑制和防除作用。例如，豆科作物田间的菟丝子，轮作后由于失去了伴生作物或寄主，能被消灭或抑制危害。大豆轮作可以均衡利用土壤养分。各种作物从土壤中吸收各种养分的数量和比例各不相同，例如禾谷类作物吸收土壤中氮和硅的量较多，对吸收钙的量较少；相反，豆科作物吸收钙的量较多，而吸收硅的数量极少。因此将这两类农作物进行轮作，可以保证土壤中的养分被均衡利用。大豆轮作可以折叠调节土壤肥力。大豆等谷类作物有庞大的根群，可以疏松土壤、改善土壤结构；轮种的不同农作物的根伸长的深度不同，浅根作物溶脱后，其养分向土壤深层移动，供深根作物吸收，同时深根作物能把深层土壤的养分吸收上来，供浅根作物吸收；轮作可以借助根瘤菌的固氮作用，补充土壤中的氮元素含量，例如多年生豆科牧草固氮的数量较多。

第三节　转基因大豆产业化发展的实施路径

当前学术界对转基因大豆推广种植的顾虑主要体现在两个方面：一是对转基因技术是否对人类健康有长久影响，二是转基因种植所带来的外来物种入侵的风险。但这些观点都缺乏全面的思考，目前国际对转基因产品的食用已经有成熟的研究，产品的安全性有了很大保证，此外，实行分隔化种植可以完全杜绝植株异交的发生。因此，综合中国大豆产业资源现状，应当认识到国内市场需求旺盛、加工潜力巨大，要摒弃过于看重种植面积的思路，转变发展观，研发高产、节本、稳定的转基因大豆品种，以提高自我竞争力。基于大豆产业资源现状和转基因大豆的特点，本书认为，我国可以走转基因大豆和非转基因大豆共生共存的发展之路，即以传统非转基因大豆为根本保障食用，以转基因大豆为支撑来发展我国的大豆产业。具体可以从以下几个方面来考虑。

一　建立黑龙江非转基因大豆保护区

目前，黑龙江是世界上仅存的几个非转基因大豆生产地之一，也是中国最大的非转基因大豆生产基地。据统计，黑龙江常年的非转基因大豆种植面积占全国的40%左右，商品率达80%以上，但近年随着大豆生产比较效益的下降和国外转基因大豆大量进口的冲击，黑龙江非转基因大豆的种植面积正在逐年下滑，据统计，2015年黑龙江的大豆种植面积为3532.4万亩，较2009年下降了53.2%。因此，在全球普遍种植转基因大豆的情况下，我们应该走"差异化"路线，打造非转基因品牌，一方面可以避免低端市场的过度竞争，有助于提升国内产业竞争力；另一方面避免由于大批食用豆失去主要来源而导致的大豆、豆油、豆粕市场价格的失控。所以，建立黑龙江非转基因大豆保护区就显得十分重要。黑龙江省自然条件优越，土地肥沃，气候适宜，大豆种植基础较好，黑龙江北部地区土地平坦、面积广阔，适宜划定100万公顷范围建立中国非转基因大豆保护区，确保传统非转基因大豆的生产达到200万吨，供应国内非压榨类大豆食用需求。

在黑龙江非转基因大豆保护区内，一要全面禁止种植、销售、加工、使用转基因产品，致力于在保护区内形成非转基因"种植—加工—销售"的产业链，形成与转基因大豆相区分的市场体系；二要形成全省大豆种植协会和全省大豆加工产业协会，以种植联合社和产业协会对接的方式，形成"种植—加工—销售"的产业链；三要使大豆收购价由种植协会和产业协会根据市场行情和国家补贴进行协商（政府有关部门可以协助），大豆收购价和种植面积在春播前商定，使种植合作社和加工企业都有定心丸、有预期；四是要由种植协会和行业协会承担各自内部的协调和分配工作；五是保护区产品使用统一保护区标志，在全国打出保护区的标志公信力，探讨产品能否回溯到种植合作社；六是保护区的产品可优先供给省内外各级供应餐饮的学校，包括中小学营养午餐、大学餐厅等；七是设立国家"绿色大豆产业基金"，用于鼓励保护区内大豆多样性的种植和品种研发以及新工艺、新产品研制。

二　促进转基因大豆生产集群化发展

转基因大豆与非转基因大豆共生共存的关键在于利用区域大豆的地缘优势，合理规划区域大豆的种植，实现转基因大豆的进群化生产。目前，三个大豆主产区在气候因素、种植条件以及种植方式上均存在较大区别。同时，鉴于转基因大豆生产在许多方面还需要检测和观察，同时从长远考虑转基因生物物种通过异花授粉对周边生物的影响，必须对种植区域实行隔离种植并采样观察。借鉴西欧管理经验，间隔区域一般在250—300米便可避免植物异交。东北主产区地广人稀，便于生长检测，有利于转基因大豆实现分隔式生产，从整体上降低大豆杂质和收割难度；区域地势平坦，气候稳定，益于品种培养和生长；同时，东北作为重要的农牧区，有健全的农业配套设施和加工企业，缩短大豆收储、加工、销售的周期。因此，综合各条件，东北主产区更益于开展转基因大豆的种植与生产。

三　提高高蛋白节能大豆的研发能力

从市场需求来看，目前高油、高蛋白大豆是需求的重点，从生产现状来看，目前如何降低大豆的生产成本、提高单产是生产需要突破的"瓶颈"。但是，从我国的实际情况来看，目前国内市场上大豆产品的蛋白质含量普遍较低。国外转基因大豆之所以得以迅速推广，便得益于大豆抗除草性能高这一特性。目前，中国一些育种单位已经利用实验品种与引进的抗除草品种杂交，在不同地区进行实验种植，具备区域试验种植的条件，为进一步发展高油节能大豆奠定了基础。因此，我国应以筛选高蛋白大豆品种为基础，采用国家大豆改良中心的高蛋白优良性品种资源，综合应用杂交、辐射等常规方法和基因导入、分子标记等现代生物技术进行高蛋白大豆的定向育种，培育新的适应大豆主产区栽培的高蛋白大豆新品种。制定适宜于大豆主产区高蛋白大豆企业化的生产标准和技术规范，制定高蛋白大豆标准化的生产技术。同时，还需要大力培养我国大豆科研人员、增加大豆科技推广经费投入。

四　规范转基因大豆种植与生产行为

规范农业生产，做好事前防范，在保证生态安全的前提下实施转基因大豆生产是促进其长远发展的必要条件。基于我国大豆的生产情况，目前可以从以下几个方面来规范转基因大豆的种植与生产行为：一是出台相关管理政策，完善公共登记制度，进一步明确转基因大豆的种植范围；二是实施转基因大豆种植安全责任制，将种植责任落实到户，对不符合要求或不按照规范种植的转基因大豆的农户进行限制与管理；三是规范种子市场秩序，对转基因大豆种子和非转基因大豆种子做好标签，防止混种带来的潜在隐患；四是做好转基因大豆种植资格审查，同时严格控制转基因大豆种植资格的发放，在发放区域应采取民主协商、农户自愿种植的原则，与农户签订多方协议，明确相互责任。

五　加强转基因大豆的安全宣传力度

对于我国而言，目前转基因大豆还属于一个弱势产业，一方面受到转基因大豆技术和种植劣势的限制，另一方面是其与传统非转基因大豆集团在利益上的冲突，一直以来，传统的非转基因大豆在我国国内大豆市场上占有明显的销售优势，就使大豆主产区不得不选择非转基因大豆进行生产。良好的管理有助于社会公信度的建立，鉴于当前对转基因大豆的安全性尚存在分歧，政府必须严格产业政策的制定、加强产业生产的管理，具体可以借鉴西欧的做法。因此，就需要国家出台相关的政策措施，通过选择合适的转基因大豆种植区来鼓励、宣传转基因大豆的生产，当转基因大豆产业具有一定规模时，政府应对转基因大豆的产业链进行有效扶持和引导，同时积极参与国际转基因大豆贸易的政策制定，鼓励中国的转基因大豆参与国际竞争，进而为我国转基因大豆产业的长期发展提供有力保障。

由于民众容易受到不实信息的误导，导致我国消费者对转基因大豆产品的整体认知水平不高，甚至对转基因大豆产品的安全性产生恐慌和漠视的极端态度。在我国的具体国情下，政府在舆论导向上具有较强的引导优势，就另一个层面而言，大豆企业在关乎食品安全的单方面宣传上具有一定的局限性，无法主导大的舆论导向。政府应当发挥其在舆论导向上的优势，向公众普及转基因安全性知识，弥补企业在宣传上地域性的局限。因此，就需要政府出面来加强转基因大豆的科普宣传，不断地提高民众对转基因大豆的认知水平，通过网络、电视、讲座、论坛和展览等多层次、多形式和多方位的宣传，让消费者较为直观、全面地了解转基因大豆产品的相关信息，进而推广转基因大豆。

第四节　强化大豆主产区利益补偿机制

当前，我国大豆产业正面临着几个方面的挑战：第一，由于大量进口国外大豆，部分国外势力通过调整豆类价格来影响国内市场，冲击国内经济；第二，国外跨国粮商开始垄断我国的大豆行业，容易形成倾销；第三，长期进口使我国对大豆的科研投入有所降低，失去了我国大豆及其制品的国际竞争力；第四，恶性循环导致的国内大豆产业结构不合理、行业秩序紊乱，大豆加工企业供需不平衡，企业竞争力低下。

我国大豆生产发展受到阻碍，传统大豆主产区农民种植大豆的比较收益下降，农民种豆的积极性严重受挫。大豆主产区种植面积逐年下降，大部分豆农改种经济效应更高的玉米而放弃大豆种植，农民更倾向于种植经济效益较高的农作物，进而带来更好的经济效益；国产大豆产品质量相对较低，突出表现在大豆的含油率低、杂质高、水分高，豆油是大豆的主要制品，大豆的水分直接影响出油率，东北大豆主产区的出油率仅有 15%，远远低于美国转基因大豆的出油率，因而国际竞争力较弱；目前，我国大豆的收割主要采用的是联合收割机，这种现代化收割设备适用于种植面积较大、较为平整的农作物收割，而我国大豆种植较为分散且地形复杂，再加上植株矮小，收获的大豆杂质较高，无形中增加了生产成本，降低了经济效益；我国大豆科研投入资金相对较低，新产品的更新周期长，单位产量增速慢，数据表明，我国大豆亩产在 200—250 公斤，单位产量增幅远不及玉米、小麦等作物，使大豆在我国粮食产业结构中的重要性下降，相关的科研人员和机构逐渐萎缩，大豆的生产积极性受到严重影响。我国的农业服务体系较为落后，大豆主产区的农民整体素质不高，耕种及管理整体呈现粗放型发展方式，导致大豆的生产品质和生产效率较低。综上所述，我国大豆种植区农民种植积极性不高，大豆种植面积在逐年减小，生产技术落后与生产效率低下都是导致我国大豆产业生产低迷、大量进口的直接原因。

目前，我国大豆主产区利益补偿机制不健全，大豆产业发展不稳定，因此应在保证经济效率的前提下，实现社会公平分配，即不仅保证政府经济收益，同时能够刺激大豆种植户继续进行大豆生产，扩大生产规模，促进大豆产业的可持续发展。面对大豆主产区种植面积相对较小和种植户积极性不高的情况，有必要对我国大豆主产区的大豆种植政策进行调研和分析，以利益补偿理论、博弈理论等理论为指导，对主产区种植户大豆种植行为和影响因素进行分析，以此建构大豆主产区利益补偿机制，逐步改变农户的种植行为，促进我国大豆产业的可持续发展。

下面将运用 DEA 分析方法对我国大豆利益补偿机制进行效率分析，对我国大豆农户的种植行为和我国大豆产业的生产提出建议。

第一，利益补偿效率分析指标选取与数据处理。本书选择以2012 年实施大豆补偿的几个省份为单位进行效率分析，其中包括黑龙江省、内蒙古自治区、吉林省、辽宁省、山东省、河北省、山西省、陕西省、宁夏回族自治区和四川省。通过效率分析能够对政府补偿政策的投入和标准进行分析。模型分析的输入指标包括大豆良种补贴、农机设备补贴和综合补贴；输出指标为补偿效果和政策目标实现程度，通过大豆产量和农民大豆收入来进行评价。结果如表7 - 2 和表 7 - 3 所示。

表 7 - 2　　　　　效率分析决策单元即输入输出指标选择

决策单元	输入指标	输出指标
黑龙江、内蒙古、吉林、辽宁、山东、河北、山西、陕西、河南和四川	大豆良种补贴、农机设备补贴和综合补贴	大豆产量和农民大豆收入

表 7 - 3　　　　　效率分析输入及输出指标原始数据

决策单元	产出		投入		
	总产量（万吨）	大豆纯收入（元/亩）	良种补贴（亿元）	农机设备补贴（亿元）	综合补贴（亿元）
DMU1	456.7	121.00	0.38	9.5	2.280
DMU2	85.3	200.36	0.122	4.5	1.950
DMU3	70.2	210.29	0.040	3.5	0.65
DMU4	35.1	183.45	0.031	4.8	0.499
DMU5	45.3	154.30	0.087	5.1	1.240

续表

决策单元	产出		投入		
	总产量（万吨）	大豆纯收入（元/亩）	良种补贴（亿元）	农机设备补贴（亿元）	综合补贴（亿元）
DMU6	30.2	201.60	0.045	4.6	0.854
DMU7	24.6	167.50	0.041	3.5	0.651
DMU8	23.3	165.40	0.039	3.4	1.200
DMU9	80.7	181.30	0.152	5.6	2.120
DMU10	49.6	189.40	0.102	4.9	1.650

资料来源：相关数据来自中国统计年鉴和中华粮网数据中心收集并整理得到。

第二，利益补偿效率评估模型与结果分析。根据 DEA 的对偶规划模型可以建立 10 个省份的效率评估模型，这里对前 4 个决策单元进行模型建构，公式如下：

$$\min\left[\theta - \xi(S_1^- + S_2^- + S_3^- + S_4^- + S_5^- + S_6^- + S_7^- + S_8^- + S_9^- + S_{10}^- + S_1^+ + S_2^+)\right]$$

$$\text{s. t. } 0.54\lambda_1 + 0.58\lambda_2 + 5.24\lambda_3 + 4.3\lambda_4 + S_1^- = 0.54\theta$$

$$0.42\lambda_1 + 0.56\lambda_2 + 4.66\lambda_3 + 4.27\lambda_4 + S_2^- = 0.42\theta$$

$$1.32\lambda_1 + 4.17\lambda_2 + 7.05\lambda_3 + 4.01\lambda_4 + S_3^- = 1.41\theta$$

$$12.48\lambda_1 + 15.62\lambda_2 + 17.34\lambda_3 + 241\lambda_4 - S_1^+ = 12.57$$

$$456.2\lambda_1 + 45.2\lambda_2 + 6.05\lambda_3 + 10.23\lambda_4 - S_1^+ = 857.55$$

其中，$\lambda_n \geq 0$，$n = 1, 2, \cdots, 10$；$S_m^- \geq 0$，$m = 1, 2, 3$；$S_s^- \geq 0$，$s = 1, 2$。

使用 DEAP 工具对上面的公式进行求解可以得到利益补偿的效率评估模型，如表 7-4 所示。

在对大豆主产区的十个省份进行利益补偿的效率评价中，技术效率和规模效率反映的是利益补偿机制的有效情况；从表中可以看到，吉林省和四川省份针对大豆种植户的利益补偿是有明显效率的，其他省份效率都不高；以黑龙江省为例，在相同产量的前提下，仅需要保持投入补偿的 0.68 即可实现，有30%多的补贴没有体现出应有的价值；同样的问题还出现在辽宁、内蒙古、山东、山西和河南等省份，可能是由于这几个地区大豆种植面积稍大，在补贴方式和实现途径方面还存在问题。

表 7 - 4   10 省大豆利益补偿的 C2R 模型效率评价结果

DMU	纯技术效率	规模效率	松弛变量	规模效益
DMU1	0.683	0.992	S = 0	递增
DMU2	0.692	0.999	S = 0	递增
DMU3	1.000	1.000	S = 0	不变
DMU4	0.490	0.994	S = 0	递增
DMU5	0.502	0.993	S = 0	递增
DMU6	0.408	0.992	S = 0	递增
DMU7	0.402	0.991	S = 0	递增
DMU8	0.659	0.993	S = 0	递增
DMU9	0.758	0.998	S = 0	递增
DMU10	0.635	0.995	S = 0	不变

同时规模效率还可以反映产出和投入的比例关系，当比例为1时，收益不变；比例大于1时，规模递增，说明此时应该增加投入；反之应该减小投入。从表7-4中可以看出，吉林和四川处于规模不变的阶段，内蒙古、黑龙江、辽宁、山东、陕西等其他省份处于收益递增的阶段，以上结果表明，通过增加收益补贴、改革补贴方式、提高规模效率是有效的。

松弛变量不为零反映的是补贴投入存在冗余，变量为零反映的是投入不足。通过分析可以看出，黑龙江、内蒙古、辽宁、山东等省份的松弛变量不为零，说明整体的补贴投入不足，需要加大投入。

根据 DEAP 进行测算可以得到无效决策单元的目标改进，使这些单元达到 DEA 有效，并判断决策单元的改进方向，如表 7 - 5 所示。

表 7 - 5　　　　　　　非 DEA 有效决策单元输入指标改进

决策单元	产出类型	产出		投入		
		总产量（万吨）	大豆纯收入（元/亩）	良种补贴（亿元）	农机设备补贴（亿元）	综合补贴（亿元）
黑龙江	原始	456.70	121.00	0.380	9.5	2.28
	改进	500.00	152.10	0.500	9.5	2.18
内蒙古	原始	85.30	200.36	0.122	4.5	1.95
	改进	251.10	212.60	0.250	4.5	2.05
吉林	原始	70.20	210.29	0.040	3.5	0.65
	改进	40.83	210.29	0.040	3.5	0.65
辽宁	原始	35.10	183.45	0.031	4.8	0.499
	改进	82.23	192.50	0.080	4.8	0.623
山东	原始	45.30	154.30	0.087	5.1	1.24
	改进	65.40	158.60	0.092	5.1	1.20
河北	原始	30.20	201.60	0.045	4.6	0.854
	改进	42.30	212.30	0.058	4.6	0.861
山西	原始	24.60	167.50	0.041	3.5	0.651
	改进	35.60	178.40	0.064	3.5	0.653
陕西	原始	23.30	165.40	0.039	3.4	1.200
	改进	28.90	185.20	0.098	3.4	1.100
河南	原始	80.70	181.30	0.152	5.6	2.120
	改进	82.40	185.30	0.157	5.6	2.10
四川	原始	49.60	189.40	0.102	4.9	1.65
	改进	41.20	168.50	0.102	4.9	1.67

　　为了对 10 个决策单元进行进一步的评价和分析，这里使用 DEA 的超效率模型对所有的单元进行重新测定，以获得更为精确的效率值；该模型要求在进行第 L 个决策单元的计算中，需要用其他所有决策投入和产出代替该决策单元的投入和产出，并将该决策单元排除于模型之外，从而保持相对有效的最大值；其模型的线性规划如下式所示：

$$\min\theta$$

$$\sum_{j=1,j\neq L}^{t} \lambda_j x_{ij} + S_i^- = \theta x_{iL}$$

其中, $S_i^- \geqslant 0$, $S_r^+ \geqslant 0$, $\lambda_j \geqslant 0$。

根据超效率模型对各省份的输入输出指标进行运算, 可以得到表7-6。

表7-6   超效率评价排序

省份	DMU	超效率值	排名
黑龙江	DMU1	0.6828	5
内蒙古	DMU2	0.6923	4
吉林	DMU3	1.0208	1
辽宁	DMU4	0.4903	10
山东	DMU5	0.5436	8
河北	DMU6	0.5542	7
山西	DMU7	0.4728	9
陕西	DMU8	0.6021	6
河南	DMU9	0.8705	3
四川	DMU10	1.0201	2

从表7-6中可以看出, 吉林和四川补贴对大豆种植户的效率仍然是比较高的, 该结果与 DEA 模型分析的结果是相同的。

第三, 我国大豆产业生产过程中利益补偿主体分析。大豆主产区种植的利益方包括种植户、政府和油厂等收购企业, 每个利益方都是直接的利益追求者, 利用博弈论可以建构种植户和政府的利益博弈模型。

按照相关理论, 首先需要对模型进行假设, 在大豆种植方面, 这里有两个假设: 农户的收入依靠种植或者打工; 种植上可以种植大豆或者种植其他作物, 利益函数为: F=f (C, U), 其中 C 为成本, U 为效益; 则两者的动态博弈模型如图7-1所示。

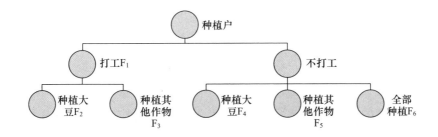

图 7 - 1　种植户和政府的动态博弈模型

从图 7 - 1 中可以看出种植户有多种选择，而政府希望种植户种植大豆；种植户的策略有六个组合：

其一，农户外出打工，利益函数为：$F_1 = f(C_1，U_1)$；

其二，打工并且种植大豆的函数为：$F_2 = f(C_2，U_2)$；

其三，打工并且种植其他作物的函数为：$F_3 = f(C_3，U_3)$；

其四，种植大豆的收益函数为：$F_4 = f(C_4，U_4)$；

其五，种植其他作物的收益函数为：$F_5 = f(C_5，U_5)$；

其六，全部种植的收益函数为：$F_6 = f(C_6，U_6)$；

在上述的组合中，各收益函数中的 C 和 U 存在一定的重合；从政府和市场调节的角度来看，政府倾向于种植户选择 2、选择 4、选择 6 三种组合；结合大豆利益补偿机制影响因素的相关分析也可以看出，影响种植户进行大豆种植的因素包括大豆收入的影响和国家利益补偿机制在种植户中的宣传途径，以及大豆的收购价格等；外出打工肯定接收不到补贴的相关政策，对于大豆的种植也就缺乏积极性；再受补贴政策和收购价格影响，种植面积肯定会受到较大影响。

第四，基于利益补偿机制提高我国大豆产业生产能力的路径。从上面的利益补偿机制效率分析、影响因素分析来看，大豆种植的目标不是造成种植户和政府形成非合作博弈现状的主要原因。从政府角度来看，政府希望大豆种植户能够坚持大豆种植，并且逐渐增加大豆种植的面积，以满足我国大豆内需和促进大豆产业的可持续发展，增强大豆的国际竞争力；从种植户的角度来看，种植大豆的主要目的只是为了提高家庭收入，保证生存；由于信息的长期不对称、不平等，政府关于大豆产业的政策宣传信息少且途径窄，补贴政策发布较少，种植户很难及时得到接收，形成了截留利益；同时，政府在补贴发放过程中的监督不及时，发放程序不透明等也阻碍了政策的开展，阻碍了种植户对政策的了解，形成了较差的评价，也出现了政策"寻租"现象。国家大豆收购价格相对较低，种植户无法形成强烈的种植意愿；政府在政策实施的过程中也较多地忽视了种植户的这些行为，导致了已有的机制没有得到有效的发挥，无法满足种植户的需求。这些机制问题阻碍我国大豆产业的健康发展。

我国的大豆补偿机制和国外相比还有较大的差距，也从一定程度上阻碍了我国大豆产业的可持续发展，结合我国大豆现状和实证研究，提出以下提高我国大豆产业生产能力的路径：

从国家宏观层面讲，要以2014年大豆目标价格补贴试点工作为契机，丰富和完善我国的大豆利益补贴机制；要在目前调研的基础上，树立正确的利益补贴机制和相关政策目标，把重心放在激发种植户种植大豆意愿，扩大大豆种植规模上；并根据当前我国农民不断外出打工的情况，因地制宜，不仅采取分地区补贴制度，即不同的种植地区采取不同的补贴；同时，还要发展多种政策和机制推广宣传途径，要在依靠传统村委会、村集体的基础上，充分利用现代互联网和广告手段，大力宣传大豆产业，使政策落到实处。

要根据每年的大豆种植情况，合理调控大豆的收储价格，并在大豆主产区大豆耕种前颁布大豆收购价格和补贴标准，从而合理提升面积内大豆的经济效益，提高农民种植大豆的积极性，减少进口，也就减少了国外大豆对本国的影响和冲击；要形成对我国大豆的长效保护机制，为大豆种植户提供必要的补贴和鼓励政策，降低农民种植风险，保证我国大豆生产稳中有升。

要为利益补偿机制建构严格的监督制度，坚持"打老虎"，加强对违规占用补贴款，贪污腐败行为的惩罚力度；建立公平、公开和公正的补贴发放制度，财务透明，数据数字化管理，避免虚报和发放不力，保证我国补偿机制的顺利实施。

　　要从种植户的角度出发，不仅强化种植户对大豆利益补偿机制的了解，而要从大豆产业可持续发展角度出发，对大豆种植户开展技术教育和技术培训，提高他们的文化素质和管理水平，这样在无法提高学历教育的情况下，可以最大化地保证种植户的大豆种植水平和积极性，从而提高大豆生产能力，保证大豆产业的可持续发展。

本章小结

　　针对我国大豆生产的困境，本章提出了未来我国大豆生产发展的基本定位，通过做好大豆区域布局规划、实施转基因大豆产业化发展策略和加强大豆主产区利益补偿机制等作为我国大豆生产发展的路径选择，进而促进我国大豆产业的健康发展。在进行大豆生产的区域布局规划时，应该不断优化调整大豆生产的区域布局，加快大豆优势产业带和优质大豆保护区建设，保护区域大豆种质资源，加大区域大豆科技创新的投入力度，加快选育突破性大豆品种；建立东北大豆重产区，在农业供给侧结构性改革的背景下，确立东北为重中之重产区，利用东北地区的自然资源优势发展大豆生产，为我国大豆尽快摆脱生产困境做出应有的贡献；建立系统的大豆轮作制度。在未来我国转基因大豆产业发展的过程中，可以采取建立黑龙江非转基因大豆保护区、促进转基因大豆生产集群化发展、提高高蛋白节能大豆的研发能力、规范转基因大豆种植与生产行为以及加强转基因大豆的安全宣传力度等多个路径来开展。在强化大豆主产区利益补偿机制时，有必要对我国大豆主产区的大豆种植政策进行调研和分析，以利益补偿理论、博弈理论等理论为指导，对主产区种植户大豆种植行为和影响因素进行分析，以此建构大豆主产区利益补偿机制，逐步改变农户的种植行为，促进我国大豆产业的可持续发展。

第八章 研究结论与展望

第一节 创新点

本书的创新主要体现在全局性创新和局部性创新两个层次。从全局角度来看，本书的创新主要体现在研究逻辑的创新和研究框架的创新。就研究逻辑而言，本书将当前中国大豆产业与大豆市场存在的主要矛盾归结为生产困境的概念，并从要素投入、生产效率和竞争力三个维度依次递进地展开了剖析。将大豆市场面临的种种问题归纳总结为供给困境，有助于从逻辑上抓住大豆市场非均衡发展的关键矛盾，问题分析的针对性具有创新意义。就研究框架而言，本书在对国内外市场状况进行梳理的基础上，构造了前向的逻辑溯源和后向的效应传导，对核心概念进行了充分的延展，将大豆市场诸多问题的因素良好地串联成比较清晰的逻辑体系，为宏观层面的战略分析和微观层面的对策分析提供了完备的分析框架。

从局部角度看，本书在具体的研究中使用新视角、新框架、新方法，对大豆相关理论研究做出了较好的边际贡献。具体包括：

第一，大豆产业生产效率分析框架的构建。本书在总结归纳国内学者在大豆产业发展方面相关研究成果的基础上，综合我国大豆产业的实际发展状况，基于生产率理论、技术效率理论等理论基础，从我国大豆产业的实际生产状况出发，构建我国大豆产业生产效率的分析框架，通过构建合理的评价模型，对大豆产业生产效率进行实证分析，得出我国大豆产业生产效率的变化趋势及特征，进而揭示导致我国大豆生产效率较低的深层次原因。通过上述研究，对以往研究成果的不足之处做进一步的补充和完善。

第二，基于新视角中国大豆生产困境的效应分析。本书从我国大豆生产变化的资源替代效应、生态保护效应、产业安全效应与产业结构效应等方面对中国大豆生产现状产生的效应进行全面分析，进而得出我国大豆处于生产困境产生的效应。

第三，基于新视角大豆生产的路径选择。本书基于比较优势理论，考虑到国际市场农产品供给充足、我国外汇储备实力雄厚、人民币成为世界第五大货币等因素，提出国产大豆25%的自给率、确立重中之重产区与重产省份、在建立国家级"非转基因大豆保护区"的基础上全面推行转基因大豆种植及对大豆主产区建立利益补偿机制的建议。

第二节　研究结论

本书基于我国农业供给侧结构性改革战略，以要素禀赋理论、比较优势理论、垄断优势理论、波特钻石模型理论、新贸易理论、产业可持续发展理论为基础，首先对我国大豆产业的发展现状、市场需求以及供需平衡进行了深入分析，其次通过对全球大豆产业生产、贸易、市场格局发展的先进经验的借鉴，运用计量经济学方法对我国大豆产业的生产效率、国际竞争力格局进行了深入分析，对我国大豆产业供给变化的特点、效应进行挖掘，对导致我国大豆产量下降、农民大豆种植积极性下降的原因进行深入剖析，进而探索出我国大豆产业发展的出路，同时提出了合理的政策建议，为国家制定提高大豆产业国际竞争力、保护大豆产业安全的相关政策措施提供理论依据与实证支持。

第一，中国大豆的种植面积不断缩减、产量总体水平不断下降、单产量较低，大豆生产在粮食生产中的地位正在逐渐下降；近年来我国大豆及豆制品的需求不断增长，促使国内大豆加工企业数量逐年增加；受大豆大量进口的长期影响，我国大豆产业的对外依存度逐年上升，使内大豆产业的发展、大豆的定价权受到跨国资本的严重冲击；国内大豆制品价格受国际市场的影响较为严重，国际大豆价格对我国大豆加工企业的经营成本提出巨大的挑战，而国际大豆市场价格波动剧烈，导致我国大豆加工企业面临巨大的价格风险，外资逐步占领了中国大豆的压榨市场；我国大豆贸易呈现进出口失衡、季节性明显及对外依存度高等特征。

第二，中国大豆的各类需求量持续增长，其中，食用大豆需求量的增长最为明显，同时肉、蛋、奶等的需求量的明显增长促进了我国畜牧业的发展，进而增加了对豆粕的需求。植物油需求的增加和畜牧业的发展使得我国对大豆的需求急剧增加，巨大的供需差距使得我国已经从原来的大豆生产大国转变为大豆进口大国。

第三，我国大豆产区存在土地、劳动力等生产要素未得到有效利用的现象，且我国大豆产业的生产效率整体上呈先下降后上升的发展趋势。根据大豆产业生产效率的回归分析可知，大豆种植户的受教育水平、劳动力、耕地规模、耕地块数、大豆纯收入、非农收入、农用固定费用、流动资本投入、土地可流转比例是影响我国大豆生产效率的主要因素。

第四，目前，我国大豆的国际市场占有率水平较低且呈现逐渐下降的趋势，与世界大豆主产国之间的国际竞争力存在较大差距，且这种差距呈现逐渐增大的趋势；我国大豆产业的贸易竞争优势指数较低，国际竞争力普遍低于世界平均水平；历年我国大豆产业的显示性比较优势指数远小于1，且比较优势指数呈现逐渐下降的态势；我国大豆产业缺乏竞争力，比较优势不明显，产业安全性较差。

第五，实施虚拟土地进口战略、加大大豆产业资源进口，将节约出来的土地用于第二产业和第三产业中土地使用效率较高的领域，不仅可以提高土地的使用率，优化土地资源配置，还能够加速经济发展，推进现代化建设。虚拟土地进口战略除了可以促进经济增长、保护生态环境，还会促进就业、提高人民生活水平。

第六，我国大豆种植面积相对较小且不断减少，同时，我国国内大豆需求量较高且不断增长，因此需大量进口国外大豆，从而造成对国外大豆的依赖，由于国外大豆具有出油率高的特点，国内加工企业将会选择进口国外大豆，这也是我国大豆全产业链逐渐被外资所控制的重要原因；我国从事大豆生产的劳动力素质较低、工资水平不高，这是我国大豆产量低的重要原因之一，也是威胁我国大豆产业安全的隐患之一。

第七，造成我国大豆产业供给萎缩的原因主要包括技术因素、比较收益、政策因素等。其中，影响我国大豆产业发展的技术因素包括产业成本高但机械化水平较低、大豆单位产量和质量均偏低、大豆转基因技术较为落后等；通过与其他竞争作物的比较、分析可知，我国大豆的比较收益要弱于其他竞争作物；而造成上述一系列问题的关键因素在于我国大豆产业的政策存在诸多不足之处，同时还受到了国外特别是大豆主产国政策因素的影响。

第三节　研究展望

第一，摆脱我国大豆生产困境、提升国产大豆的国际竞争力是保障我国大豆产业健康发展的必由之路。其中，由于转基因大豆具有较高的比较收益，使得其在全球范围内得到推广，同时，转基因大豆在我国的发展也备受关注。但受到法律法规与相关政策措施的限制，转基因大豆在我国没有得到很好的发展。但随着科学技术的发展，转基因大豆必能在未来得到广泛种植，这对提高我国大豆的产量与国际竞争力具有重要意义。因此，基于转基因大豆的相关研究有待深入开展。

第二，农业供给侧结构性改革过程中如何推进"米改豆"政策的实施也将成为笔者下一步研究的主要方向。大豆重中之重产区、大豆重产省如何建设，耕地轮作制度如何有序推行，"非转基因大豆保护区"如何确立，国家的大豆目标价格补贴政策如何有效实施等一系列问题都有待深入研究。

参考文献

[1] A. Muhammad, Price Risk and Exporter Competition in China's Soybean Market, *Agribusiness*, Vol. 31, No. 2, 2014.

[2] Barry K. Goodwin, Factors Affecting the Adoption Practices of Sustainable Agricultural, *Practices Agricultural and Resource Economics Review*, No. 22, 2004.

[3] Barry K. Goodwin, Randy Schnepf and Erik Dohlman, Modelling Soybean Prices in a Chan – Ging Policy Environment, *Applied Economics*, Vol. 37, No. 3, 2005.

[4] B. Grain, The New Farm Owners: Corporate Investors Lead the Rush for Controlover Overse – as Farmland, 2009.

[5] B. G. Kaufman, T. E. Jiru, K. E. Leleji et al. , Testing the Performance and Compatibility of Degummed Soybean Heating Oil Blends for Use in Residential Furnaces, *Fuel*, Vol. 89, No. 1, 2010.

[6] B. K. Goodwin, M. L. Vandeveer, An Empirical Analysis of Acreage Effects of Participatio – n in the Federal Crop Insurance program, *American Journal of Agricultural Economics*, Vol. 86, No. 4, 2004.

[7] B. Schneier, The Death of the Security Industry, *IEEE Security & Privacy Magazine*, Vol. 5, No. 6, 2007.

[8] B. Song, M. A. Marchant and S. Xu, Who Dominates Market Power for U. S. – China Soybean Trade, *Australian Journal of Agricultural Economics*, No. 35407, 2006.

[9] Chavas and Holt, Comparative Advantage and Government Budget Effects: An Plieation to the Grain Trade off the Former USER, *Area Journal of Agricultural Economies*, No. 8, 2005.

[10] Coelli, T. J., Aguide to Frontier Version 4.1, *A Computer Programforstoehasticfrontier* Productionand Costfunctionestimation, CEPA Working Paper, Department of Eeonometries, University of New England, Armidale NSW Australia.

[11] Erik Dohlman, Technology Characteristics, Farmers' Perceptions and Adoption Decisions: A [12] E. Holt – Gimenez, L. Peabody, From Food Rebellions to Food Sovereignty: Urgent Call to Fix a Broken Food System, *Food First*, Vol. 14, No. 1, 2008.

[12] E. Vivas, Foodcrisis – Causes, Consequences and Alternatives, *International Viewpoint Online magazine*, Vol. 4, No. 444, 2012.

[13] E. Vorotnikova, J. Seale, Land Allocation Dynamics in China among Five Top Staple Crops: Corn, Soybeans, Wheat, Rice, and Cotton from 1985 – 2009, Southern Agricultural Economics Association, 2014.

[14] F. Magdoff, Food as a Commodity, *Monthly Review*, Vol. 63, No. 8, 2012.

[15] G. Y. Deng, Experimental Study on Competitiveness of Soybean Industry in South of China, *Journal of Anhui Agricultural Sciences*, Vol. 20, 2010.

[16] Houck J. M. Ryan and A. Subotnik, *Soybeans and Their Products: Markets, Models and Policy*, Minneapolis, MN: Univercity of Minnesota Press, 1972.

[17] JianJiang, The Impact of China's Expanding Market on the U. S. Soybean Industry, *Revista De Economia E Sociologia Rural*, Vol. 44, No. 4, 2006.

[18] Jiayou Wang, Analysis of the Factors Influencing Japan's Soybean

Import Trade: Based on Gravity Model, *American Journal of Industrial and Business Management*, Vol. 6, No. 2, 2016.

[19] J. D. Friend, R. D. S. Lima, Impact of Transportation Policies on Competitiveness of Brazilian and US Soybeans, *Transportation Research Record Journal of the Transportation Research Board*, Vol. 2238, No. 1, 2011.

[20] J. I. Vitta, D. Tuesca and E. Puricelli, Widespread Use of Glyphosate Tolerant Soybean and Weed Community Richness in Argentina, *Agriculture, Ecosystems & Environment: An International Journal for Scientific Research on the Relationship of Agriculture and Food Production to the Biosphere*, Vol. 103, No. 3, 2004.

[21] K., Yamaura, Non – GM Soybean Trading in Japan, *Outlook On Agriculture*, No. 29, 2000.

[22] K. Takagi, K. Nishizawa and A. Hirose et al., Seed Coat Pigmentation in Transgenic Soybean Expressing the Silencing Suppressor 2b Gene of Cucumber Mosaic Virus, *Plant Cell Reports*, Vol. 32, No. 12, 2013.

[23] Lili Jiang, Xiangyu Guo and Donghui Wei, The Analysis of Comparative Advantages of Main Soybean Producing Countries, *Advanced Materials Research*, 2011.

[24] Manhong Zhu, John Van Sickle, China's Soybean Import Allocation Analysis by Country of Origin, *James Seale*, 2015.

[25] M. Ash, Dohlman. International Trade, Biofuel Initiatives Reshaping the Soybean Sector, *Amber Waves*, No. 5 (Special), 2007.

[26] Phillip W. Laney, *Soybean Consumption and Trade in China*, A Trip Report, USDA, 1998.

[27] Soybean Exports, *Journal of Basic and Applied Scientific Research*, Vol. 3, No. 3, 2013.

[28] Tan Tao, Jie Shen, Michael Reed, The Impact of GMO Safety Reg-

ulations on Chinese [29] Tobit Model Applicationin Sierra Leone, *Agricultural Economics*, No. 9, 2001.

[30] T. Mielke, Major Challenges Ahead: World Soybean Supply and Demand Outlook for 2012/ 13, *INFORM*: *International News on Fats*, *Oils and Related Materials*, No. 7, 2012.

[31] V. Shiva, The Future of Food: Countering Globalisation and Recoloni Sation of Indian Agriculture, *Futures*, Vol. 36, No. 6, 2004.

[32] Wei Chen, M. A. Marchant and A. Muhammad, China's Soybean Product Imports: An Analysis of Price Effects Using a Production System Approach, *China Agricultural Economic Review*, Vol. 4, No. 4, 2012.

[33] W. He, S. Yang, R. Guo and et al., GIS – Based Evaluation of Soybean Growing Areas Suitability in China, *Springer Berlin Heidelberg*, Vol. 6, No. 5, 2016.

[34] X. Ao, *Enhancing the Competitiveness of Soybean Growers*: *Acase Study of Heilongjiang*, *China*, The University of Edinburgh, 2012.

[35] Yao Liu, Dawei Guan and Xin Jiang, Proteins involved in nodulation competitiveness of two Bradyrhizobium diazoefficiens strains induced by soybean rootexudates, *Biology and fertility of soils*: *Cooperating Journal of the International Society of Soil Science*, Vol. 51, No. 2, 2015.

[36] Z. M. Larbier, A. M. Chagneau and P. A. Geraert, Influence of ambient Temperature on True Digestibility of Protein and Amino Acids of Rapseed and Soybean Meals in Borilers, *Poultry Science*, Vol. 72, No. 2, 1993.

[37] 白钦先、李军、张东升:《我国大豆产业发展及主产区信贷政策分析》,《经济与管理研究》2008 年第 8 期。

[38] 鲍韵、吴昌南:《我国大豆产业安全预警系统构建》,《江西

社会科学》2013 年第 4 期

[39] 曹军:《中国大豆市场供给与需求曲线的测算》,《中国商界》
（下半月）2009 年第 5 期。

[40] 陈叶盛:《玉米产业供给侧结构性改革思路和方向》,《农业
展望》2016 年第 8 期。

[41] 邓郭艳、李冬梅:《南方大豆产业竞争力的实证研究》,《安
徽农业科学》2010 年第 7 期。

[42] 董银果、韩立斌:《粮食进口对我国 CPI 的影响分析》,《上海
金融学院学报》2011 年第 1 期。

[43] 杜晓燕、张彬:《基于 T—G 模型的我国大豆产业国际竞争力
实证研究》,《学术论坛》2016 年第 9 期。

[44] 冯瑞雪:《我国农产品虚拟土地进口贸易研究》,硕士学位论
文,吉林财经大学,2016 年。

[45] 冯晓:《黑龙江省大豆产业发展战略研究》,《黑龙江科学》
2011 年第 4 期。

[46] 付迪、袁天远:《中国大豆供需及贸易趋势与展望》,《农业
展望》2008 年第 3 期。

[47] 高春来:《此消彼长 2016 年国内大豆压榨势力版图如何变
化?》,《粮油市场报》2015 年。

[48] 高莹莹:《浅析中国大豆贸易现状及进出口风险防范》,《经
济研究》2009 年第 12 期。

[49] 高颖、田维明:《基于引力模型的中国大豆贸易影响因素分
析》,《农业技术经济》2008 年第 1 期。

[50] 高颖、田维明:《中国大豆进口需求分析》,《中国农村经济》
2007 年第 5 期。

[51] 谷强平:《中国大豆进口贸易影响因素及效应研究》,博士学
位论文,沈阳农业大学,2015 年。

[52] 谷强平、周静:《基于贸易视角的中国大豆产业安全分析》,
《大豆科学》2015 年第 4 期。

［53］郭文斌：《对中国大豆贸易现状的分析和政策建议》，《时代经贸》2007 年第 73 期。

［54］韩天富、侯文胜、王济民：《发展转基因大豆，振兴中国大豆产业》，《中国农业科技导报》2008 年第 3 期。

［55］何秀荣、李平、张晓涛：《阿根廷大豆产业发展与政府政策》，《农业技术经济》2004 年第 9 期。

［56］洪岚：《我国生鲜农产品冷链投资不足的原因解析》，《中国流通经济》2010 年第 10 期。

［57］侯景明：《粮食补贴发放工作存在的问题及对策》，《经济研究参考》2011 年第 51 期。

［58］胡国华：《大豆机械化"深窄密"高产配套栽培技术》，《作物杂志》2001 年第 5 期。

［59］黄斌全、熊启泉：《跨国粮商控制下巴西大豆在中国进口市场上的竞争潜力》，《华中农业大学学报》（社会科学版）2011 年第 2 期。

［60］黄季焜、王晓兵：《粮食直补和农资综合补贴对农业生产的影响》，《农业技术经济》2011 年第 1 期。

［61］黄宗智、高原：《大豆生产和进口的经济逻辑》，《开放时代》2014 年第 1 期。

［62］贾兴梅、李平：《中国大豆产业安全度初步评估》，《华南农业大学学报》（社会科学版）2012 年第 7 期。

［63］江连洲、胡少新：《中国大豆产业发展现状与建议》，《中国农业科技导报》2007 年第 6 期。

［64］江维国：《我国农业供给侧结构性改革研究》，《现代经济探讨》2016 年第 9 期。

［65］姜丽丽：《我国大豆加工企业价格风险及其规避研究》，博士学位论文，东北农业大学，2012 年。

［66］蒋和平、吴桢培：《湖南省汨罗市实施粮食补贴政策的效果评价——基于农户调查资料分析》，《农业经济问题》2009 年第

11 期。

[67] 蒋云贵：《工商资本投资农产品加工项目的风险评级研究》，《江汉论坛》2014 年第 4 期。

[68] 金森森、罗帅：《中国大豆贸易现状及中长期发展趋势》，《黑龙江粮食》2014 年第 11 期。

[69] 孔令夷、冉萍：《我国大豆企业"走出去"发展战略研究》，《重庆工商大学学报》（社会科学版）2012 年第 3 期。

[70] 蓝昊、宣亚南：《世界大豆贸易格局的演变及对我国的启示》，《国际贸易问题》2008 年第 6 期。

[71] 李佳：《新疆农业投资与农产品对外贸易关系研究——基于1991—2011 年数据的分析与检验》，硕士学位论文，新疆农业大学，2013 年。

[72] 李圣军、杨根全：《中国大豆贸易国际环境、运行特点与展望》，《农业展望》2010 年第 11 期。

[73] 廖翼、姚屹浓：《世界大豆贸易格局及国际竞争力研究》，《世界农业》2015 年第 7 期。

[74] 林大燕、朱晶、张姝、吴国松：《基于来源地布局视角的中国大豆进口数量波动下降原因的实证分析》，《国际贸易问题》2015 年第 3 期。

[75] 林树斌：《我国油料油脂产业发展情况》，《中国油脂》2011 年第 5 期。

[76] 刘爱民、封志明、阎丽珍、于格：《中国大豆生产能力与未来供求平衡研究》，《中国农业资源与区划》2003 年第 4 期。

[77] 刘杰：《农业劳动力素质对农业技术效率的影响研究——以陕西省为例》，硕士学位论文，西安工业大学，2014 年。

[78] 刘翔峰：《中国大豆国际竞争力及产业安全分析》，《调研世界》2009 年第 2 期。

[79] 龙开胜、陈利根、顾忠盈、周明华：《我国大豆产业发展的现状、危机与对策》，《乡镇经济》2009 年第 3 期。

[80] 吕晓英、李先德：《中国大豆进口的长期均衡和短期调整分析》，《财贸研究》2011 年第 6 期。

[81] 栾立明、郭庆海：《中国大豆产业国际竞争力现状与提升途径》，《农业经济问题》2010 年第 2 期。

[82] 罗东、矫健：《国家财政支农资金对农民收入影响实证研究》，《农业经济问题》2014 年第 12 期。

[83] 马欣：《巴西农业支持政策分析与借鉴》，《经济问题探索》2015 年第 3 期。

[84] 毛一凡：《进口大豆对中国大豆产业链的影响研究》，硕士学位论文，河南工业大学，2013 年。

[85] 孟岩、马俊乐、徐秀丽：《四大粮商大豆全产业链布局及对中国的启示》，《世界农业》2016 年第 1 期。

[86] 倪洪兴、王占禄、刘武兵：《开放条件下我国大豆产业发展》，《农业经济问题》2012 年第 8 期。

[87] 强文丽：《大豆生产及贸易的生态经济效应评价》，《资源科学》2013 年第 11 期。

[88] 乔金友、陈立、于寿馨、颜亮：《"高垄平台"大豆机械化生产经济效益分析》，《农机化研究》2002 年第 2 期。

[89] 乔娟：《中国大豆国际竞争力研究》，中国农业科学院 2004 年刊。

[90] 秦广明、王明友、肖宏儒、宋卫东：《我国菜用大豆生产机械化技术研究》，《农业装备技术》2011 年第 6 期。

[91] 秦悦铭：《我国大豆进口贸易影响因素分析》，硕士学位论文，南京航空航天大学，2012 年。

[92] 舒坤良：《吉林省玉米供给侧结构性改革路径与对策研究》，《玉米科学》2016 年第 6 期。

[93] 司伟、张猛：《中国大豆进口市场：竞争结构与市场力量》，《中国农村经济》2013 年第 8 期。

[94] 孙学立、蒋天虹：《农产品供给侧结构性改革问题研究基于

2009 年以来我国玉米市场供求变化分析》，《广西社会科学》
2016 年第 9 期。

[95] 谭林：《国际大豆供求背景下的中国大豆贸易研究》，博士学
位论文，北京林业大学，2009 年。

[96] 汤艳丽：《加入世界贸易组织对我国大豆产业的影响》，《中
国农垦经济》2002 年第 1 期。

[97] 田仁礼：《中国大豆产业现状、趋势及应对措施》，《大豆科
技》2009 年第 4 期。

[98] 王恩惠：《中国大豆消费现状与展望》，《农业消费展望》
2010 年第 5 期。

[99] 王济民：《我国的大豆经济：供给与需求的重点分析》，博士
学位论文，西南交通大学，2010 年。

[100] 王理：《世界贸易格局下的中国大豆产业发展研究》，硕士学
位论文，河南工业大学，2010 年。

[101] 王旎、王恩学、闫德华：《开放战略下中国大豆产业的困境
与对策》，《农业现代化研究》2010 年第 3 期。

[102] 王溶花、曾福生：《世界粮食贸易格局的演变及发展趋势分
析》，《世界农业》2015 年第 2 期。

[103] 王微微：《我国大豆产业进口贸易现状及对策分析》，《国内
外市场》2011 年第 16 期。

[104] 王文涛：《国际冲击背景下农业供给侧结构改革与需求侧改
革探讨》，《甘肃农业》2016 年第 9 期。

[105] 王雪尽：《我国大豆产业的危机及对策》，《经济问题》2011
年第 1 期。

[106] 王云凤、冯瑞雪、郭天宝：《我国主要农产品的虚拟土地进
口效益分析》，《农业技术经济》2015 年第 4 期。

[107] 王兆洋：《中国农产品国际竞争力研究》，硕士学位论文，对
外经济贸易大学，2007 年。

[108] 夏佩、孙明江：《进口价格波动风险对中国大豆进口来源布

局的影响研究》,《经贸论坛》2016 年第 12 期。

[109] 夏睿:《浅析中国大豆对外贸易的现状及问题》,《改革与战略》2014 年第 5 期。

[110] 肖立:《我国农村居民消费结构与消费收入关系研究》,《农业技术经济》2012 年第 11 期。

[111] 徐雪高、沈贵银:《关于当前我国大豆产业发展状况的若干判断及差异化战略》,《经济纵横》2015 年第 12 期。

[112] 许经勇:《农业供给侧结构性改革的深层思考》,《学习论坛》2016 年第 32 期。

[113] 杨传丽:《大型跨国粮食企业发展模式对中国粮食企业发展的启示与借鉴》,硕士学位论文,云南大学,2015 年。

[114] 杨建利、邢娇阳:《我国农业供给侧结构性改革研究》,《农业现代化研究》2016 年第 7 期。

[115] 杨树果:《产业链视角下的中国大豆产业经济研究》,博士学位论文,中国农业大学,2014 年。

[116] 姚卫华:《机械化大豆"三垄"栽培技术增产效果及经济效益分析》,《大豆科技》2007 年第 5 期。

[117] 叶丰:《我国大豆产业贸易格局的成因及影响》,《中国投资》2011 年第 6 期。

[118] 余建斌、乔娟:《国际垄断对中国大豆进口影响的实证分析》,《技术经济》2008 年第 6 期。

[119] 翟雪玲、刘伦、曹靖:《中国大豆竞争因素探讨》,《世界农业》2002 年第 11 期。

[120] 张迪:《我国大豆贸易格局变化及其影响因素研究》,硕士学位论文,江南大学,2015 年。

[121] 张红玲:《阿根廷农业生产、贸易和政策分析》,《世界农业》2012 年第 9 期。

[122] 张建杰:《粮食主产区农户粮作经营及其政策效应——基于河南省农户的调查》,《中国农村经济》2008 年第 6 期。

［123］张立富、刘天慧：《中国大豆产业国际竞争力研究》，《农业经济》2015 年第 3 期。

［124］张培奇：《供给侧结构改革为现代农业带来新机遇》，《农民日报》2016 年 3 月 10 日。

［125］张清：《建设东北优质大豆产业带提升中国大豆国际竞争力》，《世界农业》2005 年第 2 期。

［126］张昕：《中国大豆产业安全研究》，博士学位论文，山东大学，2010 年。

［127］张艳飞：《国际市场对我国大豆进口的垄断力研究》，《西安财经学院学报》2011 年第 3 期。

［128］郑适：《"玉米三量齐增"与供给侧结构性改革政策研究》，《价格理论与实践》2016 年第 8 期。

［129］中国大豆产业协会秘书处：《中国大豆食品蛋白加工已成为朝阳产业》，《大豆科技》2012 年第 1 期。

［130］钟金传：《中国大豆产业国际竞争力研究》，硕士学位论文，中国农业大学，2005 年。

［131］周伟、Boulanger Mathieu、吴先明：《农业跨国公司垄断对我国粮食安全的影响》，《西北农林科技大学学报》（社会科学版）2016 年第 3 期。

［132］周新安：《我国大豆产业发展的困境与出路》，《中国食物与营养》2007 年第 11 期。

［133］朱红根、王雅鹏：《粮食安全战略背景下粮食扶持政策评价及其完善——基于江西省农户问卷调查分析》，《经济问题探索》2007 年第 4 期。

［134］朱满德、江东坡：《市场开放下的中国大豆产业发展：基本取向与定位》，《农业现代化研究》2014 年第 5 期。

［135］朱满德、徐雪高、李宾：《中国大豆加工业真的存在危机吗——基于产能过剩与产能扩张"悖论"的思考》，《现代经济探讨》2015 年第 6 期。

［136］朱希刚：《中国大豆产业的困境及发展策略》，《中国禽业导刊》2003 年第 5 期。

［137］邹於娟、程杰、谭林、武拉平：《美国大豆加工贸易对我国大豆进口影响的实证分析——基于我国加入世界贸易组织以来的月度数据》，《中国农业大学学报》2009 年第 10 期。

［138］邹於娟、武拉平、谭霖：《中国大豆外贸依存度影响因素分析》，《技术经济》2009 年第 5 期。

后　记

　　本书是在我的博士学位论文基础上修改完成的。在本书出版之际，感谢恩师郝庆升教授、张越杰教授、郭庆海教授、曹建民教授和聂英教授对我的悉心指导，感谢博士研读期间给予我关心帮助的其他老师、同学以及我亲爱的学生。

　　十年来，我对大豆的研究从未间断过。我和我的团队围绕大豆产业安全、大豆进口贸易、转基因大豆等问题进行了大量的数据调研与深入的实证分析。在美国圣路易斯大学访学期间，我完成了对美国转基因大豆生产、食用等方面的 300 份调查问卷及 50 余位美国居民对转基因食品食用的访谈工作，并对 Monsanto 公司进行了参观与深入的调研。

　　我先后主持完成了国家软科学项目"中国大豆产业安全体系研究"等相关纵向课题 3 项；在国内外学术期刊上发表相关论文 20 余篇：在 Energy Sources，Part B：Economics，Planning，and Policy（SCI 3 区）上发表了"Economic valuation of biomass/coal – to – energy in China：Analysis from China soybean industry"（2017），在《当代经济研究》上发表了《供给侧改革背景下农业结构优化对农民收入的影响》（2017），在《农业经济问题》上发表了《中国大豆主产区利益补偿机制研究》（2016），在《农业技术经济》上发表了《中国大豆进口影响因素的实证分析》（2013），在《经济研究参考》上发表了《玉米临时收储制度取消带给农民的究竟是什么？——以东北玉米主产区为例》（2017），在《税务与经济》上发表了《东北大豆生产效率分析》（2015），在《中国农业资源与区划》上发表

《中国转基因大豆产业资源与发展路径研究》（2015）等一系列与大豆研究相关的学术论文，并获得了吉林省社会科学优秀成果奖三等奖和长春市社会科学优秀成果奖二等奖各一项。

  党的十九大报告明确指出，要深化供给侧结构性改革，实施乡村振兴战略。在国家宏观政策背景下，如何在取消玉米临时收储制度后调整农业种植结构、增加农民收入已经成为农业供给侧结构性改革的关键问题，也是乡村振兴战略的基础保障。我的团队在今后的工作中也会沿着这条主线继续开展更深层次的研究，申请高级别的课题，产出高水平的成果。

郭天宝

2017 年 11 月于长春